鄭曼髯撰

論語釋旨

中華書局印行

古註論語序

敘曰漢中壘校尉劉向言魯論語二十篇皆孔子弟子記諸善言也太子太傅夏侯勝前將軍蕭望之丞相韋賢及子玄成等傳之齊論語二十二篇其二十篇中章句頗多於魯論琅邪王卿及膠東庸生昌邑中尉王吉皆以教授故有魯論有齊論魯共王時嘗欲以孔子宅爲宮壞得古文論語齊論有問王知道多於魯論二篇古論亦無此二篇分堯曰下章子張問以爲一篇有兩子張凡二十一篇篇次不與齊魯論同安昌侯張禹本受魯論兼講齊說善者從之號

曰張侯論爲世所貴包氏周氏章句出焉古論唯博士孔安國爲之訓解而世不傳至順帝時南郡太守馬融亦爲之訓說漢末大司農鄭玄就魯論篇章考之齊古爲之註近故司空陳羣太常王肅博士周生烈皆爲義說前世傳授師說雖有異同不爲訓解中間爲之訓解至于今多矣所見不同互有得失今集諸家之善記其姓名有不安者頗爲改易名曰論語集解光祿大夫關內侯臣孫邕光祿大夫臣鄭沖散騎常侍中領軍安鄉亭侯臣曹羲侍中臣荀顗尚書駙馬都尉關內侯臣何晏等上

論語釋旨自序

讀魯論不能心仲尼之心者正墻面而立也且仲尼之道猶衣食之與饑寒求之者不以其道不獲也其發言也如慈母乳兒未有不當其時其答問也如老吏斷獄必也使無訟耳吾欲持此三者以心仲尼之心故敢曰釋旨漢宋諸賢有先我施之者樂而從之否者亦不敢以無理而摒之且夫仲尼所謂吾道一以貫之而曾參却以忠恕喻之以二釋一能解惑乎又如公山弗擾與佛肹之畔俱召之悉欲往子路不

悅未能心夫子之心力阻之夫子中說至再而終無會其意旨者如此之類親炙夫子之教猶未能了然況後儒乎故吾之釋旨乃盡我心力之所向必欲瞻仲尼之心希旨雖云過亢然本爲不厭之誠或亦不爲賢者所遐棄也

己酉大雪永嘉鄭　曼髯

論語二十篇目錄

論語釋旨卷一

永嘉鄭　曼髯註

學而第一

古書惟易乃先有題、而後有文、餘如詩之類、皆先有文、而後有題也、論語亦復如此、第一篇多於學者務本之意、孝弟親仁、謹信知人之要、凡十有六章、

子曰。學而時習之。不亦說乎。

子、人之嘉稱、指孔子、學、猶求也、易童蒙之求學也、亦卽好古敏求爲學之意、習、猶溫故也、說、通悅、

按朱注學之爲言效也、僅釋學之貌、而遺其神、譬如溫故謂之效、則近似、知新、則不可言效也。又習者、朱引用說文數飛也、則不如用禮月令、鷹乃學習、猶謂雛鷹學飛時習其羽也、謝氏曰、時習者、無時而不習、坐如尸、立如齊、皆時習也、此近仁者之言也、談何

容易、馬融引曲禮、子者、男子之通稱、在此似非所宜、且女子亦稱子、故我從顏師古、謂子、人之嘉稱也、

有朋自遠方來不亦樂乎。人不知而不慍不亦君子乎。

朋、同師者、來自遠方、得互相講習之樂、慍、鬱也、悶也、人不知我之學而不鬱悶、豈非盛德之君子乎、

按朱注引說文、朋、同類也、在此似不宜作同類解、易、君子以朋友講習、注謂同師之友、則近之、程氏謂、說在心、樂主發散、在外是也、不侒以爲悅、秖是自得自知、樂與人同、或有對象者。慍、說文作怒解、朱氏作含怒解、或作怨恨解、不侒以爲在此、秖可作鬱悶解、

程氏解慍、引易不見是而無悶、近是、不佞引詩南風之薰兮、解吾民之慍兮、應作鬱解、故敢以鬱悶解也、

有子曰。其爲人也孝弟。而好犯上者。鮮矣。不好犯上。而好作亂者。未之有也。

有子、孔子弟子、姓有名若、謂善事父兄能孝弟者、而好干犯長上者、絕少、況復有好作悖逆者、必無之事也。弟、好、上、三字、俱去聲、以下凡稱弟子者、簡省孔子二字、

君子務本。本立而道生。孝弟也者。其爲仁之本與。

君子致力於本、本孝弟也、本立則君子之德成、而道也生、道

者、思想之正路、卽人道也、仁者、人心也、乃根於孝弟之所由行也、

子曰。巧言令色。鮮矣仁。

巧、好也、令、善也、言不率眞而求好、色不篤實而求善、乃作僞矯飾、違本性也、則絕鮮其仁可知矣、

曾子曰。吾日三省吾身。爲人謀。而不忠乎。與朋友交。而不信乎。傳不習乎。

曾子、弟子、名參、中心爲忠者、不偏也、乃盡己之心之謂忠、人言之爲信、言之不信、不足以爲人也、傳、乃受之於師、習、溫習也、此三者、日必反省、恐有過失、乃身體力行也、朱氏所

謂有則改之、無則加勉、得之矣、

子曰。道千乘之國。敬事而信。節用而愛人。使民以時。

道、乘、皆去聲、道、治也、乘、四馬之兵車也、治諸侯之國、可出兵車千乘、事、政敎也、古之政敎合一、猶生聚敎誨也、敬事政事、與敬敷五敎、以信孚於民、節用、可以薄稅斂、愛人、卽以仁政施於民、使民以時、猶壯者以暇日脩其孝弟忠信、及於農隙以敎武事也、

按此節不過三言、得舉五事、曰敬事、曰、信、曰節用、曰愛人、曰使民以時、僅費十三字、果能照此行之、不獨得能治千乘之國、推而治萬乘及天下、亦猶是也、又何用讀半部論語、始能治天下焉、

子曰。弟子入則孝。出則弟。謹而信。汎愛衆。而親仁。行有餘力。則以學文。

弟子之弟、上聲、孝弟之弟、通悌、去聲、汎音泛、入則孝其父母、出則敬其兄長、且愛其如弟之輩、謹、敬重也、信、言行也、汎、廣也、衆、多也、三人爲众、众古衆字、三人行必有吾師焉、可知汎愛衆之益、親、近也、仁者、有德行之人、行者、行其德行也、孝弟忠信之本而已、行之猶有餘力則學文者、達其末也、倘德行之未行、先學文、則忘其本、而求其末、小人耳、按洪氏曰、未有餘力而學文、則文滅其質、有餘力而不學文、則質勝而野、朱氏曰、力行而不學文、則無以考聖賢之成法、識事理之當然、而所行或出於私意、非但失之於野而已、此論朱誠愈於洪、

然朱之稽古、往往出自私意、亦未免失於自檢、

子夏曰。賢賢易色。事父母能竭其力。事君能致其身。與朋友交。言而有信。雖曰未學。吾必謂之學矣。

子夏、弟子、姓卜、名商、何氏謂、以好色之心、好賢則善、竭力、致身、盡孝盡忠、言而有信、能是、其人雖云未學、而吾必謂他已學矣、

按吳氏曰、子夏之言、其意善美、然辭氣之間、抑揚太過、其流弊、將或至於廢學、必若上章、夫子之言、然後無流弊也、此言甚是、

子曰。君子不重。則不威。學則不固。主忠信。無友不如

己者。過則勿憚改。

重猶山也、望之儼然、可畏也、反之者輕佻、而不足威、固者、牢固也、猶有根本然、反之則所學浮而無根、不足重也、忠信、解見前、以下有類似之複者、不贅、總之、不忠信、非人也、是以主重、友可以責善輔仁、不如己、非益友、在損之例、過、人孰能無過、孔子曰、假吾數年、卒以學易、可以無大過矣、顏回不貳過、夫子亟稱之、以其善於改過也、勿憚者、不畏也、苟能不畏改過、亦已可以矣、

按此節、言修己之道、始言不重、終言改過、然不重、亦即學者之大過也、苟不憚改、宜爲學者之先務矣、

曾子曰。愼終追遠。民德歸厚矣。

朱氏注、愼終者、喪盡其禮、追遠者、祭盡其誠、此亦行不言之敎、民德與之俱化、而歸厚矣、

子禽問於子貢曰。夫子至於是邦也。必聞其政。求之與。抑與之與。子貢曰。夫子溫良恭儉讓以得之。夫子之求之也。其諸異乎人之求之與。

之與之與平聲、子禽、姓陳名亢、子貢、姓端木名賜、皆弟子、溫、色和也、良、善也、恭、貌肅心敬也、儉、不侈奢華、有儉德也、讓、謙遜也、其諸、語辭也、此答子禽求之與與之、之有以異於人、以是耳、

按子貢脫口答子禽、能以此五者、爲夫子寫心、眞可謂得盛德之化

矣、然夫子之是邦也、必聞其政、豈非以其盛德達道之所致乎、然終未有能大用之者、所謂以道事君、不可則止、乃知其數、與命也、朱氏注、以良字作易直解、殊欠當、夫子聖之時者也、所謂仁者、其言曰訒、又子爲父隱、直在其中、惡得謂易直之爲良也、

子曰。父在觀其志。父沒觀其行。三年無改於父之道。可謂孝矣。

行去聲、三年無改於父之道、可謂孝矣、道、乃父之志行也、生時可以觀其志、如所謂養志、及見志不從、又敬不違、之類、沒則志亦亡矣、無已秖得觀平素所行事耳、能得從而行之、爲孝子矣

按朱注以觀其二字、作觀其子解、辭句亦甚含混、則使道字無落脚矣、未可從也、尹氏曰、如其道、終身無改可也、如其非道、何待三年、然則孝子有所不忍、此言近是、不佞以爲孝子者、泣血三年、爲遑格其父之志行之非也、惟此三年、則謂讀禮之時也、

有子曰。禮之用。和爲貴。先王之道。斯爲美。小大由之。有所不行。知和而和。不以禮節之。亦不可行也。

禮者履也、體也、猶體其事體、又能踐履也、然其用、不出乎恭、敬、謹、愼、溫、重、而色和也、此數者、皆以和爲貴耳、先王之道之美、小大皆由此而已、然亦有所不行者、僅知和、而不節之以禮、則不行者、未知體事體、見諸踐履、以行不言之敎之

責之由己也、
按朱注謂、禮、乃天理之節文、未免言過其實、譬如手容恭、足容重、亦爾天理乎、夫子所謂、不學禮無以立、可見禮爲立人之事體耳、程氏以和爲貴、合樂而言、則離矣、若禮之用、專賴樂之和、又安足爲禮矣、

有子曰。信近於義。言可復也。恭近於禮。遠恥辱也。因不失其親。亦可宗也。

遠、去聲、此節、之近字、謂近於義、近於禮、乃未完全合乎理、然亦近似之焉、信雖未能實踐、猶有理可原、故謂可以復述也、恭雖未甚合乎禮、猶不至於惹恥辱也、雖未曾以孝聞、因其能

事父母、亦可宗也、宗者、宗仰也、亦猶學者宗之之類也、

子曰。君子食無求飽。居無求安。敏於事而愼於言。就有道而正焉。可謂好學也已。

好、去聲、倘食惟求飽、居惟求安、其人專注於起居飲食、又有何暇志於道也、事不求敏、言不求訒、又有何學之可言、君子則反是、又就有道者、求正其所志、是則可謂好學矣、

子貢曰。貧而無諂。富而無驕。何如。子曰。可也。未若貧而樂。富而好禮者也。

好、去聲、諂者、佞也、驕、恣肆也、子貢貨殖、所謂億則屢中、當由貧而後富、故舉貧無諂、富無驕、乃賜所志、則問何如、夫子却已許之、曰可也、又進而教之曰、未及貧者、安而樂道、富者、又能好禮者也、

子貢曰。詩云。如切如磋。如琢如磨。其斯之謂與。子曰賜也。始可與言詩已矣。告諸往。而知來者。

與、平聲、詩衛風淇澳篇、治骨角者、既切之而復磋之、治玉石者、既琢之、而復磨之、乃精益求精也、子貢體會此意、又引詩為證、夫子贊許之、

子曰。不患人之不己知。患不知人也。

君子學以爲己、人不我知不爲患、患在不知人之賢愚善惡、恐不獨無益於我、或有所損害也、

爲政第二 凡二十四章

子曰。爲政以德。譬如北辰。居其所。而衆星共之。

政者、正也、猶君正、孰敢不正、德者、得也、見樂記、予謂德者、誠之本也、北辰、天之樞也、北極、星之方位也、共亦作拱、孔子此言、含意至爲深邃、譬如爲政、如不以德、人決不如衆星之永遠拱向北辰也、無德、立至喪亡、即猶物換星移焉、可概言乎、

子曰。詩三百。一言以蔽之。曰思無邪。

詩經、三百十一篇、舉三百者、成數也、蔽、猶掩蓋也、思無邪、引魯頌駉篇句、喻詩人勸懲之意、其思蓋一本於無邪耳、

按夫子此言、乃仁者見仁、亦溫柔敦厚之敎也、蘇氏意爲斷章取

義、朱氏往往指詩爲淫奔、所見之不同也、

子曰。道之以政。齊之以刑。民免而無恥。道之以德。齊之以禮。有恥且格。

道、音導、齊、正也、格、猶合式也、禮緇衣、言有物而行有格也、正之以刑、則民畏、爲惡欲免於刑、乃揜其不善、而著其善於外者、無恥也、若治以德、齊以禮、躬行而以身作則、而民從化以循禮、知有恥而不願爲惡、且能合於人之格也、

子曰。吾十有五而志于學。三十而立。四十而不惑。五十而知天命。六十而耳順。七十而從心所欲不踰矩。

志、說文、心之所之也、學、卽好古敏求之學也、立、建樹也、謂自己有所建樹也、惑、疑也、不惑、能自決其疑也、天命、猶知天之所命令也、耳順者、猶言之入於耳、不待思索已能知其所以然也、矩、猶大學之絜矩也、雖從心之所欲、不致踰其矩度也、

按此節程氏以爲聖人謙辭、謂未必如是、但爲學者立法、使之盈科而後進耳、此言有失推己及人之誠、朱氏從之、然語多唐突、實亦難懂、愚以爲、此夫子自述進德之階、乃實錄也、若非生知安行、孰能至此、隨意移易聖人之辭氣、則反爲不恭矣、

孟懿子問孝。子曰。無違。樊遲御。子告之曰。孟孫問孝於我。我對曰。無違。樊遲曰。何謂也。子曰。生事之以禮。

死葬之以禮。祭之以禮。

孟懿子、魯大夫、仲孫氏、名何忌、問孝、夫子答以無違、正待其追求也、而孟孫竟囫圇呑棗、故於樊遲御、乃告之如此、恐孟孫之誤解也、此即不憤不啓、不悱不發之意、樊遲固亦不解、生事與葬及祭之要、然生事、豈一言可盡、當以敬爲主、養志色難、如不敬、雖行定省溫凊之事、又安謂之孝乎、葬及祭之禮、亦由是、推之可知、必曰盡其誠敬之心、庶乎近之、

按生事死葬、未可爲終也、必須盡終身之祭之誠、未忘追遠、始可謂盡孝矣、

孟武伯問孝。子曰。父母唯其疾之憂。

武伯、懿子之子、名彘、謂父母唯其疾之憂者、當時必有爲而發

、或以武伯對其父母之疾、未能盡其心也、

按此節之其字、當然指父母而言、以答問孝之旨、可以證諸前後二語、一、父在觀其志、一、弟子服其勞、皆指其父母而言、如以馬融與朱熹俱作指兒子解、則夫子之言、俱可上下反復、有還價之疑焉、非獨不敬、且亦有惑後學以爲爲人子不病、便是孝子、茲再援先進之一節、閔子騫人不間於其父母昆弟之言、而此節、何不曰父母於其子唯疾之憂乎、夫子所主、辭達而已、安肯省用二字、而使數千年後之學者、而猶未達其意乎、噫言之不訒、其致亂一至於此、且孝子如文王武王之憂其父之疾、爲何如也、若謂父母唯其子之疾之憂、則上孝下也、倘是馬氏之言、則伯牛癩、顏回夭、俱非孝行之人者與。

子游問孝。子曰。今之孝者。是謂能養。至於犬馬。皆能

有養不敬何以別乎

子游、弟子、姓言、名偃、養字、因下句有養犬馬之意相比、細翫其辭氣、乃直作養字、上聲、朱注作去聲解、與辭氣不合、此必夫子、以當時之人、鮮能知禮、乃深惡不解奉養（去聲）父母、但知有養、而不知敬、責之與養犬馬又何異、偶因子游之問孝、而發其感慨、且極言篤敬之要、或則因有爲而言也、

按答懿子問孝、曰、無違、及答武伯問曰、父母唯其疾之憂、與子游問曰、有養不敬等三節、吾必謂之如對症下藥、雖施信石、不爲毒、芒硝、不爲瀉也、不然、則厥疾不瘳、以下如答問仁與智、及政事、莫不皆然、倘不能體會夫子之言之訒、良言具妙藥之用者、皆不得與聞時中之訓、又安知夫子、乃聖之時者也、

子夏問孝子曰色難有事弟子服其勞有酒食先生

饌。曾是以爲孝乎。

食、音嗣、飯也、先生、稱父也、饌、飲食之也、曾、猶嘗也、惟孝以色爲最難、服勞奉養未足爲孝也、事父母不僅順承父母之色而已、此不過能解一事字耳、愚以爲能心父母之心後、必先從潛心下氣着手、因不能自見自己之色、是否已怡顏悅色、無已、秖得從聲氣方面下手、其庶乎近之矣、

按答子游問孝、謂有養不敬、答子夏謂色難、此或爲當時人士之通病、故有以深警之也、且游夏崇尚文學、虞其疏於色養、亦有以加勉之焉、

子曰。吾與回言終日。不違如愚。退而省其私。亦足以發。回也不愚。

回、弟子、姓顏、字子淵、不違者、未有違反、雖云與顏回說終日話、回無反應、直似愚魯、又因其退、省察其私見、亦可以發揮、乃知其不愚也、

子曰。視其所以。觀其所由。察其所安。人焉廋哉。人焉廋哉。

視、見之明也、觀、遠矚之審也、察、考視猶覆審也、焉、猶安也、廋、隱匿也、始要視其所爲何事、抑善與、或惡與、倘已知其不惡、又遠矚其由來之審、固爲善乎、終則繼之以察者、考視而覆審、其誠能安其所爲否乎、能如是、其人之眞正善惡、安可隱匿乎、又重言之、以贊其審愼也、

子曰。温故而知新。可以爲師矣。

溫、暖也、春秋傳曰、可燖也、亦可寒也、可見不溫便寒、古謂曠學者、一曝十寒、學而時習之者、溫也、故、舊也、易雜卦、革去故、鼎取新、溫故知新者、猶取舊穀、及春以水溫之、萌茁新苗、可見溫故、而知生新、且舊日所學、曾已嫻熟、經時復溫習之、知萌新趣、便有心得、則可以爲人師矣、

子曰。君子不器。

子曰、聖人吾不得而見之矣、得見君子斯可矣、則知君子次于聖人耳、又謂管仲之器小哉、以其未能如君子之量也、君子不器、猶謂可以希幾聖人、不欲形而成器、形而成器有限、猶自劃、

子貢問君子。子曰。先行其言。而後從之。

先行其言者、行顧言也、而後從之者、又復顧其所行之言行、而從之也、

子曰。君子周而不比。小人比而不周。

比、必二反、易、知周乎萬物、則無一毫私意於其間、是爲君子周而不比、鄭氏注、偏黨爲比、則偏於私而忘公、是則小人比而不周矣、

子曰。學而不思則罔。思而不學則殆。

易、君子用罔、注以爲羅己也、學而不思、必致陷於錯誤、猶罔羅自己也、殆、與怠通、猶怠惰也、思而不學、則怠惰矣、

子曰。攻乎異端。斯害也已。

攻、專工也、異端者、非執中與中庸也、夫子所謂、叩其兩端則竭焉、之端也、又謂賢者過之、愚者不及、所謂過之者、猶老與釋及楊墨也、不及者、偏好美色與淫聲耳、釋氏言生天與陰間及地獄、尤爲奇誕、足以眩人、爲老氏及楊墨之所不逮也、此乃具有誘惑與迷戀性者、倘能專工於一端、猶爲釋氏與妲己之類、其害曷可勝言、

子曰。由。誨女知之乎。知之爲知之。不知爲不知。是知也。

由、弟子、姓仲、字子路、好勇敢言、夫子甞責之曰、君子於其所不知、蓋闕如也、故此節亦誨之曰、知之爲知之、是眞知也、不

知爲不知者、不知便說不知、是亦知也、

子張學干祿。子曰。多聞闕疑。愼言其餘。則寡尤。多見闕殆。愼行其餘。則寡悔。言寡尤。行寡悔。祿在其中矣。

子張 弟子、姓顓孫、名師、干、求也、祿、仕者之奉也、行寡之行、去聲、呂氏曰、疑者所未信、殆者所未安也、蓋於多聞多見時、遇有疑殆之處、則闕如耳、餘宜愼言愼行、是則可以寡過失、少悔恨也、得能言行、寡所尤悔、祿已在其中矣、

按程氏曰、脩天爵、則人爵至、君子言行能謹、得祿之道也、或疑如此亦有不得祿者、孔子蓋曰、耕也、餒在其中、惟理可爲者、爲之而已矣、程氏此言、誠不失爲君子之言也、

哀公問曰。何爲則民服。孔子對曰。舉直錯諸枉。則民服。舉枉錯諸直。則民不服。

哀公、魯君、名蔣凡、君問、皆稱孔子對曰者、尊君也、易、錯綜其數、錯、猶交錯也、禮、射求正諸己、諸、猶於也、擧直交錯於枉者之中、則民服、反之則民不服也、

季康子問。使民敬忠以勸。如之何。子曰。臨之以莊。則敬。孝慈則忠。舉善而教不能。則勸。

季康子、魯大夫、季孫氏、名肥、自己能俯臨之以莊嚴、則民敬自己能孝慈、則民忠、擧善而敎不能者、則民勸、

按此節、夫子之誨之也、深切矣、敬忠以勸、其鑑在己耳、張敬夫曰、此皆在我所當爲、非欲使民敬忠以勸而爲之也、然能如是、則其應、蓋有不期然而然者矣、張氏此言是也、

或謂孔子曰。子奚不爲政。子曰。書云。孝乎。惟孝。友于兄弟。施於有政。是亦爲政。奚其爲爲政。

友善也、人有疑問子、何爲不仕、夫子答以、尙書有云孝乎、惟孝及親善兄弟、施於有政、亦復反問之曰、焉有其他之爲爲政乎、此正誨之以爲政之本、奚待爲仕也、

按包氏曰、孝于惟孝、美孝之辭也、何注從之、愚亦不甚了然、依舊注、書云孝乎、作發問辭、雖亦未甚透達、似較孝于惟孝、稍近耳、

子曰。人而無信。不知其可也。大車無輗。小車無軏。其何以行之哉。

輗、音倪、軏、音月、輗、轅端持衡者、軏亦然、不過有大車與小車之異耳、車如無軏輗、不得行也、人如無信、亦猶是而已、

子張問十世可知也。子曰。殷因於夏禮。所損益可知也。周因於殷禮。所損益可知也。其或繼周者。雖百世可知也。

因、仍也、殷仍夏禮、已知其所損益、周仍殷禮、所損益亦已知之、後之繼周、雖百世猶可推而知之、何況十世、

按馬氏之釋、所因、謂三綱五常、所損益、謂文質三統、未免過於鑿實、朱氏又從而釋之、抑亦過求周詳、其實、至聖先師、如此深邃之言、縱使窮究禮經、子張復生、恐亦非三五年可以了解、況他人乎、

子曰。非其鬼而祭之。諂也。見義不爲。無勇也。

諂、恥掩切、勇、果決也、祭他人祖先之鬼者、不是求媚、便是卑鄙、是謂之諂、見義者、乃是善善之心、當行之事、而不爲者、無勇也、

八佾第三　凡二十六章

孔子謂季氏。八佾舞於庭。是可忍也。孰不可忍也。

佾、音逸、舞列也、天子八、諸侯六、大夫四、士二、每列人數、縱橫皆同、猶平方乘法也、季氏魯大夫、季孫、而僭用天子之樂、孔子詈其畔禮、范氏曰、則季氏之罪、不容誅矣、此解不可忍之意甚是、

三家者以雍徹。子曰。相維辟公。天子穆穆。奚取於三家之堂。

馬氏曰、三家者、仲孫、叔孫、季孫也、雍、周頌臣工篇、天子祭於

宗廟既畢、歌雍曲以徹祭饌也、相、助也、辟、諸侯也、公二王以後也穆穆、天子之容也、孔子曰、三家之堂、奚取此雍徹、蓋深惡其僭竊之非禮、且大夫家秖有家臣助祭、而歌辟公穆穆之曲、亦荒謬絕倫之舉、

子曰。人而不仁。如禮何。人而不仁。如樂何。

游氏曰、人而不仁、則人心亡矣、其如禮樂何哉、游氏此言、透澈之至、如使僭竊八佾與雍徹者、又何有禮樂之可言、

林放問禮之本。子曰。大哉問。禮與其奢也。寧儉。喪與其易也。寧戚。

鄭高密曰、林放、魯人、易、去聲、治也、范氏曰、儉者物之質、戚者心之誠、故爲禮之本、夫子謂禮寧儉、喪寧戚、不欲徒尙奢文、而備治也、

子曰。夷狄之有君。不如諸夏之亡也。

吳氏曰、亡、古無字通用、夷狄、戎蠻也、諸夏、中國也、正義曰、夷狄雖有君長、而無禮義、中國雖偶無君、若周召共和之年、而禮義不廢、故曰夷狄之有君、不如諸夏之亡也、

按此章辭氣淸晰、如正義所釋、了無疑義、何程氏乃謂夷狄且有君長、不如諸夏之僭亂、反無上下之分、朱熹從之、殊爲唐突聖人之言、貽誤後學、眞鑄成千古之遺憾矣、

季氏旅於泰山。子謂冉有曰。女弗能救與。對曰。不能。

子曰。嗚呼。曾謂泰山。不如林放乎。

女、音汝、與、平聲、旅、祭名、泰山、在魯地、馬融曰、諸侯秖祭其封地山川、大夫則不得祭也、季氏之祭泰山、僭竊非禮、冉有、弟子、名求、時爲季氏宰、夫子以求之不能救、陷僭祭之罪、而啓示之、乃歎曰、泰山之神、豈能享諂罔之祀、反不如林放問禮之人乎、

按此章、夫子雖未直責冉求及季氏、而反抑泰山、曾謂不如林放乎、義理縝密、非人之所能及料、然細審其辭旨幽微、含意淵邃、實已嚴懲季氏之諂罔、深誨冉求之愚蒙、兼以稱善林放、闡揚神明、雖僅片言、却無微不至、非聖人孰能至此　希幾學者、不可不體會

君子時中之有欛柄、

子曰。君子無所爭。必也射乎。揖讓而升。下而飲。其爭也君子。

子曰、君子無所爭、必也射乎、此乃分析君子無爭、無已疑秖有射之一事耳、然射以揖讓而升、下而飲、其爭也、未嘗離乎君子也、

按禮之大射、耦進、三揖而後升堂、射畢揖降、乃下而飲、勝者跪授爵於不如者、云敬養也、不如者、亦跪受之、而云賜灌、灌、謂灌以飲也、俱雍容合禮、李充曰、君子謙卑、後己先人、未始非讓、何爭之有乎、欒肇亦曰、君子於射、講藝明訓、考德觀賢、故曰君子無所爭、

必也射乎、又引射儀曰、失諸正鵠、還求諸身、求中以辭養、不爲爭勝以恥人也、此皆所以證無爭、且有以反馬融之說、君子之所爭也、然夫子此言、分明說其爭也君子、正以其循禮而有以異乎小人耳、李欒所引、俱稱君子之德、與射何有哉、倘學射而無命中之心、又何必學、有命中之心、非爭是何、惟不失爲君子已耳、又王肅以升下二字相連、作一句逗、何晏從之、殊不成語、豈夫子之意乎、此章以朱氏之注曰、其爭也君子、而非若小人之爭矣、甚是、

子夏問曰。巧笑倩兮。美目盼兮。素以爲絢兮。何謂也。

子曰。繪事後素。曰。禮後乎。子曰。起予者商也。始可與

言詩已矣。

倩音千、去聲、好口輔也、絢、音眴、采成文也、巧笑者、善笑、動其好口輔也、故稱之曰倩兮、美目者、黑白分明、美其顧盼兮、朱注素、粉地、畫之質也、絢、采色、畫之飾也、子夏未解此逸詩之用意、故問、子曰、繪事後素、考工記、繪畫之事、後素功、謂先以粉地爲質、而後施五采、猶人有美質、然後可加文飾、子夏又疑禮是否在後乎、夫子許之曰、起予意與者商也、始可與言詩矣、朱注謂禮必以忠信爲質、猶繪必以粉素爲先也、

按馬融謂上二句、在衞風碩人章、下一句、爲逸詩、朱注直指三句爲逸詩、予以朱爲近是、倩盼二句、或爲成語、皆可引也、或與衞風同出、故被刪者、皆未可知、但子夏決非拉湊三句、得同學爲問也、鄭高密謂、凡繪畫先布衆采、然後以素分其間、而成文章、亦

未若朱熹所釋、以粉地爲質、然後可加文飾爲近理、何晏集解、從馬鄭之說、未爲妥也、且起予之起、包曰、發明也、何曰、起發也、予俱以爲太過耳、

子曰。夏禮吾能言之。杞不足徵也。殷禮吾能言之。宋不足徵也。文獻不足故也。足則吾能徵之矣。

杞、夏之後、宋、殷之後、朱氏謂徵、證也、以二國之君闇弱、皆不足爲徵證也、文獻二字迨古之一名辭耳、猶一國人文之典籍、不宜分開解釋、鄭高密謂、獻猶賢也、何晏朱熹皆從之、包氏徵成也、徵人文之已成、與賢不賢無與也、此二說、俱支離、未可從也、

子曰。禘自既灌而往者。吾不欲觀之矣。

王者五年一大祭、曰禘、禘之於始祖廟、灌者方祭之始用鬱鬯之酒、灌地、以降神也、與今祭畢、以酒灌地、以送神也、義亦相近、迨於魯文公之祭、曰吾聞新鬼大、故鬼小、升僖公於閔公上、逆祀亂禘禮、故孔子不欲觀之矣、

或問禘之說。子曰。不知也。知其說者之於天下也。其如示諸斯乎。指其掌。

以上章孔子不欲觀禘、故人有此問、答不知者、爲魯與國諱乖禮也、申之曰、知其說者之於天下也、又告之以易明也、且更伸掌指示之以代答、恐人之誤會、有以廢禮也、

按包氏曰、指示掌中之物、言其易曉、朱注謂、自指其掌、言其明

且易也、正義曰、伸掌手指、以示或人曰、其如示諸斯乎、以上諸說、俱未了了、愚以爲掌中又有何物也、何以知其明且易也、如禘禮、序昭穆、豈非自始祖以至考妣、有上下之分乎、左昭右穆、有順逆之序乎、掌中有物有則、其明且易者、豈非自上而下、自左而右、劃一十字、抑如斯之謂歟、

祭如在。祭神如神在。子曰。吾不與祭。如不祭。

祭如在、孔安國曰、事死如事生、祭神、謂百神也、包氏曰、孔子或出或病、而不能親祭、使攝者爲之、不致肅敬於心、與不祭同、范氏曰、吾不與祭、如不祭、誠爲實、禮爲虛也、愚以爲、吾不與祭、乃心與誠俱不在焉、如與不祭同、

王孫賈問曰。與其媚於奧。寧媚於竈。何謂也。子曰。不

然。獲罪於天。無所禱也。

王孫賈、衛大夫、媚、親昵也、室內之西南隅、爲奧、竈者、爲祀之一、皆先設主而祭於其所、賈時執國政、欲利用孔子、故取世俗之言、欲有以感動之曰、與其媚於奧、猶趣向近臣、未若媚於卑賤之竈、爲切乎飲食之實用也、僞設此一問曰何謂也、孔子答曰、不然、獲罪於天、天即理也、背理即是違天、雖禱無用也、況媚而親昵之乎、

子曰。周監於二代。郁郁乎文哉。吾從周。

監、視也、二代、夏商也、郁郁、文盛貌、尹氏曰、三代之禮、至周大備、夫子美其文而從之、

子入太廟。每事問。或曰。孰謂鄹人之子知禮乎。入太

廟。每事問。子聞之曰。是禮也。

包氏曰、大廟周公廟、孔子仕魯、入大廟助祭也、鄹、爲孔子父、叔梁紇所治邑、時人多言孔子知禮、或人以爲知禮者不當問、故譏之、子聞曰、是禮也、

按知禮者、乃知之已耳、或未及身行之也、入大廟助祭者、亦猶初學試用也、雖云知之、尤每事問、不獨欲知之審、行之愼、且誠篤無驕氣、非禮是何、

子曰。射不主皮。爲力不同科。古之道也。

爲、去聲、朱注、射不主皮、鄉射禮文、爲力不同科、孔子解禮之意如此、革者、布侯、棲於其中以爲的、所謂鵠也、科、等也、

古者射以觀德、但主於中、而不主於貫革、蓋以人力有强弱、不同等也、楊氏曰、中可以學而能、力不可以强而至、聖人言古之道、所以正今之失、

子貢欲去告朔之餼羊。子曰。賜也。爾愛其羊。我愛其禮。

鄭高密曰、牲、生曰餼、禮、人君每月告朔、於廟有祭、謂之朝享也、魯自文公始、不視朔、子貢見其禮廢、故欲去其羊也、包氏曰、羊在猶所以識其禮也、羊亡禮遂廢也、

按何晏曰、鄭注詩云、腥曰餼、生、曰牽、而鄭今云、牲、生曰餼

者、當腥與生是通名也、此乃何氏不肯直言、過謙亦是錯、朱熹從此注曰、餼、生牲也、亦錯、此處正是殺而腥送、無疑、應從腥、曰餼、

子曰。事君盡禮。人以爲諂也。

孔安國曰、時、事君者多無禮、故以有禮者爲諂也、

按程氏曰、聖人事君盡禮、當時以爲諂、而孔子之言、止於如此、聖人道大德宏、此亦可見、程氏此言甚是、

定公問。君使臣。臣事君。如之何。孔子對曰。君使臣以禮。臣事君以忠。

定公、魯君之謚也、擧此以問、正疑何以使臣之能事君也、孔子以誠對、正有以教之耳、君如能使臣以禮、臣未有不事君以忠也、豈獨鍼對當時現實、亦萬古不易之定義也、

子曰。關雎樂而不淫。哀而不傷。

樂、音洛、孔安國曰、樂而不至淫、哀而不至傷、言其和也、關雎、言君子與后妃、以德相配、故哀樂俱得性情之正、而無過耳、

哀公。問社於宰我。宰我對曰。夏后氏以松。殷人以柏。周人以栗。曰。使民戰栗。子聞之曰。成事不說。遂事不諫。既往不咎。

宰我、弟子、名予、孔安國曰、凡建邦立社、各以其土所宜之木、宰我不本其意、妄爲之說、因周用栗、便云使民戰栗、故孔子深責其妄、雖云事之成遂、不咎既往、而有以爲他日戒也、

子曰管仲之器小哉或曰管仲儉乎曰管氏有三歸官事不攝焉得儉乎曰然則管仲知禮乎曰邦君樹塞門管氏亦樹塞門邦君爲兩君之好有反坫管氏亦有反坫管氏而知禮孰不知禮也

管仲、齊大夫、名夷吾、相桓公、霸諸侯、器小、言其器量小也、或

疑器小以爲儉也、包氏曰、三歸、娶三姓女、婦人謂嫁曰歸、攝猶兼也、禮國君事大、官各有人、大夫幷兼、今管仲家臣備職、非爲儉也、或又疑不儉便謂爲得禮、鄭高密曰、反坫、反爵之坫、坫爲反爵之具、以土爲之、在兩楹之間、人君別內外、於門樹屏以蔽之、若與鄰國爲好會、其獻酢之禮更酌、酌畢則各反爵於坫上、今管仲皆僭爲之、如是、是不知禮、

按孔子之言三歸、必擧其大、且人盡知之者、包氏謂娶三姓女、意者得之矣、朱氏謂三歸臺名、雖云有據、不可從也、餘說紛紛、尤不足取、此章包鄭二氏、釋之已明、益以贅論、又何裨焉、

子語魯太師樂曰。樂其可知也。始作翕如也。從之純如也。皦如也。繹如也。以成。

大、音泰、翕、音吸、從、音縱、大師、樂官名也、翕、猶引也、靜也、合也、從、放也、純、和諧也、皦、音節、明也、繹、理也、

按此章、何朱二氏之注、各有所長、愚酌而取之、而復有以益之也、然朱引謝氏之言、有不可沒者、故附錄之、五音六律不具、不足以爲樂、翕如言其合也、五音合矣、清濁高下、如五味之相濟、而後和、故曰、純如、合而和矣、欲其無相奪倫、故曰、皦如、然豈宮自宮、而商自商乎、不相反而相連、如貫珠可也、故曰繹如也、以成

儀封人請見。曰。君子之至於斯也。吾未嘗不得見也。從者見之。出曰。二三子何患於喪乎。天下之無道也久矣。天將以夫子爲木鐸。

儀、衞邑、封人、掌封疆之官、蓋居下位之賢者、請見、之見、音現、從、喪、皆去聲、君子謂當時賢者、既見、出與諸弟子曰、二三子、何患夫子之喪位去國也、天下無道久矣、天將以夫子振木鐸、以施政教於天下、循大道而前也、

子曰。韶盡美矣。又盡善也。謂武盡美矣。未盡善也。

孔安國曰、韶、舜樂名、謂以聖德受禪、故盡善、武、武王樂也、以征伐取天下、故未盡善、正義謂韶、紹也、德能紹堯、故其樂聲及舞、極盡其美、愚以爲武王雖征誅而得天下、其樂然亦盡美、惟較韶以爲未盡善耳、

子曰。居上不寬。爲禮不敬。臨喪不哀。吾何以觀之哉。

居上主於愛人、故以寬爲本、爲禮以敬爲本、臨喪以哀爲本、既無其本、則何以觀之哉、此朱氏連擧三本字、殊爲切緊、他家注較鬆緩矣、故未之取、

里仁第四　凡二十六章

子曰。里仁爲美。擇不處仁。焉得知。

處、去聲、焉、音嫣、知、去聲、里有仁者居之、人尙以爲美、若僅知擇居、而處心不以仁者、焉得以爲知歟、

子曰。不仁者。不可以久處約。不可以長處樂。仁者安仁。知者利仁。

約者束也、利者宜也、不仁者、久處於約束、必思放肆、久處於安樂、必思淫佚、且仁者雖固窮、甚至剖心、安而受之、不違仁、知者、如一言能除三害、或一言可以折獄、甚至興邦而利於仁者

、行之、不失爲知也、

子曰。惟仁者能好人。能惡人。

好、惡、皆去聲、孔安國曰、唯仁者能審人之所好惡、此言得之矣、仁者無私心、如水鏡、得好惡之正、

子曰。苟志於仁矣。無惡也。

楊氏曰、苟志於仁、未必無過擧也、然而爲惡則無矣、

按此章鄭高密之釋、苟字擷取魯語謂誠也、漢宋諸儒從之、竊殊以爲牽强、志於仁句、倘上無苟字、亦已完善、添一誠字、反嫌贅矣、楊注爲是、

子曰。富與貴。是人之所欲也。不以其道得之。不處也。

貧與賤。是人之所惡也。不以其道得之。不去也。君子去仁。惡乎成名。君子無終食之間違仁。造次必於是。顚沛必於是。

孔曰、不以其道得富貴、仁者不處、貧與賤、不以其道得之句、漢宋諸儒、所解俱未可從、意者、貧與賤、不以其道不去也、中間有了得之二字、殊爲難解寧闕如爲愈、倘得字或作處字、則猶可說也、惡乎成名者、孔氏曰、不得成名爲君子、馬氏曰、造次急遽、顚沛偃仆、雖急遽偃仆不違仁、

子曰。我未見好仁者。惡不仁者。好仁者。無以尙之。惡

不仁者。其爲仁矣。不使不仁者。加乎其身。有能一日。用其力於仁矣乎。我未見力不足者。蓋有之矣。我未之見也。

好、惡、皆去聲、孔氏曰、無以尙之、難復加也、惡不仁者、能使不仁者、不加非義於己、不如好仁者、無以尙之爲優、又言、人無能一日用其力脩仁者耳、我未見用力不足者、又謙不欲誣時人、言不能爲仁、故云、爲能有爾、我未之見也、

按此章孔釋之、亦已淸晰、而後之儒者、總以爲自己文章與見解、尤爲優越、乃各競所能、忘置夫子之言於一旁焉、不然何必簸其沙而揚其塵、既欲埋金、又眯人目、使後之學子視爲畏途、孰之罪歟、

子曰。人之過也。各於其黨。觀過斯知仁矣。

孔曰、黨、黨類、程氏曰、人之過也、各於其類、君子常失於厚、小人常失於薄、君子過於愛、小人過於忍、尹氏曰、於此觀之、則人之仁不仁、可知矣、

子曰。朝聞道。夕死可矣。

疾衰世、而人不知道之所以爲道也、斯道也、人道也、易曰、立人之道、曰仁與義也、人苟欲聞人道者、朝聞夕死、可無憾矣、

子曰。士志於道。而恥惡衣惡食者。未足與議也。

朱氏曰、心欲求道、而以口體之奉、不若人爲恥、其識趣之卑陋

甚矣、何足與議於道哉、

子曰。君子之於天下也。無適也。無莫也。義之與比。

適、音的、從也、莫、不也、比、音避、合也、君子之於天下事、無從也、無不從也、唯與義之相合耳、

按朱注引謝氏曰、適可也、乃作無可、無不可解、理雖近是、但無所據、適如可作可解、亦必可作適當、適合解、是以未之從也、

子曰。君子懷德。小人懷土。君子懷刑。小人懷惠。

懷者、不忘也、君子不忘者、德與刑也、小人不忘者、土與惠也、尹氏曰、樂善惡不善、所以爲君子、苟安務得、所以爲小人、

子曰。放於利而行。多怨。

放、逐也、事事欲逐利而行、必多取怨也、

子曰。能以禮讓爲國乎。何有。不能以禮讓爲國。如禮何。

禮爲立人之本、讓、謙德也、又爲禮之本也、爲國者、謀國是也、何有者、不難也、如不能以禮讓爲國者、驕傲也、驕傲而欲爲國者、其奈無禮何、無禮則使人之本喪、人之本喪、國之本將隨之而喪矣、

子曰。不患無位。患所以立。不患莫己知。求爲可知也。

患所以立者、立人之德行也、無德行之人、縱得其位、而何足以行之哉、不患人之莫知己、患不知人也、故爲求有可欲知之人也、

子曰。參乎。吾道一以貫之。曾子曰。唯。子出。門人問曰。何謂也。曾子曰。夫子之道。忠恕而已矣。

參、音申、唯、上聲、參、曾子名、孔安國曰、直曉不問、故答曰唯、餘未之釋也、朱氏曰、盡己之謂忠、推己之謂恕、又引或曰、中心爲忠、如心爲恕、亦通、程氏曰、聖人教人、各因其才、吾道一以貫之、唯曾子爲能達此、孔子所以告之也、

按此章、予少日誦之、竊有疑焉、夫子謂吾道一以貫之、曾子解之

曰、忠恕而已矣、我聞臣之事君以忠、又曰、一言可以終身行之者、其恕乎、是忠恕乃二事、且夫子曾謂、忠恕違道不遠、如之何、一以貫吾道哉、疑若有間焉、然以曾子親炙聖人之教日久、又傳道以不衰、愚魯如予、何敢置議、此意橫胸、忽已五十餘年、緣今作論語釋旨、疇昔疑議之過、仍未敢揜耳、試表而出之、或不致畔乎磋磨之意也歟、且夫吾道一以貫之、莫非易所具有、理、氣、象、之理乎、夫子繫辭曰、昔者聖人之作易、將以順性命之理、又曰、易簡而天下之理得矣、簡者、一也、以此順性命之一理、得以消息陰陽、彌綸天地、離乎此道、疑若莫屬、且理者、攸關道與義也、所謂立人之道、曰仁與義者、道理也、又曰、君子之於天下也、無適也、無莫也、義之與比者、義理也、罔意議此、以爲一者、此一理也、所貫者道義也、後之有賢如曾子者、或將恕其謬歟、子曰。君子喻於義。小人喻於利。

喻、譬也、義、宜也、利、自利也、君子之於義也、譬之易曉、小人之於利也、譬之難明、以其非得自利而不由也、故欲譬喻以利物利人、然後可獲其大利也、

按孔安國曰、利、猶曉也、朱氏從之、愚竊以為欠妥、君子以其明是非之宜否、曉之以義則可、小人僅知利之所以自利、又曉之以利者、未可也、予故謂喻者譬也、譬猶可以委曲以喻之、使其漸知利物足以和義也、

子曰。見賢思齊焉。見不賢而內自省也。

省、音醒、能思齊、及內自省者、乃具有善善惡惡之實、不獨尚賢、且亦自勉、

子曰。事父母幾諫。見志不從。又敬不違。勞而不怨。

朱氏曰、此章與內則之言相表裏、幾、微也、微諫、所謂父母有過、下氣怡色柔聲以諫也、見志不從、又敬不違、所謂諫若不入、起敬起孝、悅則復諫也、勞而不怨、所謂與其得罪於鄉黨州閭、寧熟諫、父母怒、不悅、而撻之流血、不敢疾怨、起敬起孝也、

子曰。父母在。不遠遊。遊必有方。

鄭高密曰、方、猶常也、父母在、不遠遊者、恐累父母有倚門倚閭之望、倘有事、且呼喚爲難、偶或出遊、遊必有常所、亦爲父母所知之處也、

子曰。三年無改於父之道。可謂孝矣。

胡氏曰、已見首篇、此蓋複出而逸其半也、

子曰。父母之年。不可不知也。一則以喜。一則以懼。

孔安國曰、見其壽老則喜、見其衰老則懼、朱氏曰、而於愛日之誠、自有不能已者、

子曰。古者。言之不出。恥躬之不逮也。

逮、及也、古之人所謂言之匪艱、行之惟艱、惟恐行之不及言、是爲大恥、故曰其言曰訒、

子曰。以約失之者鮮矣。

鮮、上聲、謝氏曰、不侈然以自放、之謂約、尹氏曰、凡事約則鮮

失、非止謂儉約也、

子曰。君子欲訥於言。而敏於行。

行、去聲、包氏曰、訥、遲鈍也、言欲遲、而行欲疾、

子曰。德不孤必有鄰。

朱氏曰、鄰、猶親也、德不孤立、必以類應、故有德者、必有其類從之、如居之有鄰也、

子游曰。事君數。斯辱矣。朋友數。斯疏矣。

數、音速、程氏曰、數、煩數也、胡氏曰、事君諫不行、則當去、導友善不訥、則當止、范氏曰、君臣朋友、皆以義合、故其事同也、

按此章、事君之事、非一諫字可限、況事君以忠、死且不懼、何以有畏辱乎、且事君嚴於事父、事父數亦恐見辱乎、朋友固以義合、不合乎義非友也、又何懼見疏乎、此皆非予之所解也、且事君以死諫者、比干伍員也、諫不行則當去者、惟仲尼可、他人無其德行、安可從也、

公冶長第五

凡二十七章

子謂公冶長。可妻也。雖在縲絏之中。非其罪也。以其子妻之。

家語、弟子篇、公冶長、魯人、字子長、爲人能忍恥、孔子以女妻之、孔安國曰、姓公冶、名長、縲黑索、絏攣也、所以拘罪人

子謂南容。邦有道不廢。邦無道免於刑戮。以其兄之子妻之。

家語、弟子篇、南宮縚、魯人也、字子容、孔子稱其賢行、邦有道不致廢棄不用、邦無道則必危行言遜、免於刑戮、故以兄之子妻之、

按此章、或謂公冶長之賢、不及南容、故聖人以其子妻長、而以兄之子妻容、蓋厚於兄、薄於己也、程氏曰、聖人自至公、何避嫌之有、況嫁女、必量其才而求配、不當有所避也、若孔子之事、則其年之長幼、時之先後、皆不可知、此言甚是、愚意以爲、長、縲絏、惟孔子許其賢、謂非其罪、此乃萬古之奇遇、豈獨爲知人之鑑、惡可將兄之子妻之、此則雖聖人、亦不得不避其嫌也、

子謂子賤。君子哉若人。魯無君子者。斯焉取斯。

家語、弟子篇云、宓不齊魯人、字子賤、少孔子四十九歲爲單父

宰、有才知仁愛、百姓不忍欺之、故孔子大之也、正義疏、猶謂如魯無君子、斯人焉取斯德、是以子賤得能尊賢取友之效也、

按此章或可作魯有君子解、朱氏從正義之說、謂之魯多君子、多字無所據、且夫子嘗謂、善人我不得而見之矣、得見有恒者斯可矣、可見魯之君子、亦未必多也、予意如魯無君子、斯德則可取焉、

子貢問曰。賜也何如。子曰。女器也。曰。何器也。曰。瑚璉也。

女、音汝、瑚、音胡、璉、音連、包氏曰、瑚璉黍稷之器、夏曰瑚、殷曰璉、周曰簠簋、宗廟之器貴者、子貢以夫子歷許諸弟子、而未及己、

故有此問

或曰。雍也仁而不佞。子曰。焉用佞。禦人以口給。屢憎於人。不知其仁。焉用佞。

焉、音嫣、禦、當也、雍、弟子、姓冉、字仲弓、孔曰、屢數也、佞人口辭捷給、數爲人所憎惡、朱氏解之曰、我雖未知仲弓之仁、然其不佞、乃所以爲賢、不足爲病也、又曰、仁道至大、如顏子、不能無違於三月之後、況仲弓雖賢、未及顏子、聖人固不得而輕許之也、

子使漆雕開仕。對曰。吾斯之未能信。子說。

說、音悅、漆雕姓、開、名、字、子若、魯人、弟子、夫子使其仕、開非獨以爲許其有治才、且對曰、吾於斯道、未之能信、可謂謹愼誠篤之至、故夫子說之、

子曰。道不行。乘桴浮于海。從我者其由與。子路聞之喜。子曰。由也。好勇過我。無所取材。

桴、音孚、筏也、從、好、並、去聲、與、平聲、程氏曰、浮海之歎、傷天下無賢君也、子路勇於義、故謂其能從己、皆假設之言耳、不侫以爲無所取材者、以吾道之不行、而由雖有好勇過我之材、而亦無取用之所、既自喟、又爲由歎也、

按鄭高密之釋、無所取材、材、謂古字與哉同、程氏謂材與裁同、古字

借用、此二說、俱未可從、哉字、疊見各篇、裁字、在本篇、斐然成章下、有不知所以裁之、可見均不須借用、且所解之意義、亦俱未透澈耳、

孟武伯問子路仁乎。子曰。不知也。又問。子曰。由也千乘之國。可使治其賦也。不知其仁也。求也何如。子曰。求也。千室之邑。百乘之家。可使爲之宰也。赤也何如。子曰。赤也。束帶立於朝。可使與賓客言也。不知其仁也。

乘、去聲、孔曰、賦、兵賦、古者以田賦出兵、千乘已見上、千室

卿大夫之邑、大夫百乘、宰、家臣、赤弟子、姓公西、字子華、孔子答以、由、求、赤、三人之才如此、不知其仁也、

子謂子貢曰。女與回也孰愈。對曰。賜也何敢望回。回也聞一以知十。賜也聞一以知二。子曰。弗如也。吾與女弗如也。

朱氏襲邢疏之意曰、一數之始、十數之終、二者一之對也、顏子明睿所照、即始而見終、子貢推測而知、因此而識彼、無所不悅、告往知來、是其驗也、包氏曰、吾與女俱弗如也、朱氏從之、大錯、吾與女、之與、許之也、即吾與點也、同意耳、

按朱注、較漢賢往往有突過之處、況文筆俊爽、從繁就簡、便於後學之玩誦、其功固不可沒、惟其名爲集注、除於宋賢、提氏外、餘則十九襲取前賢之意、蒙混後學、未免爲聰明之誤、深爲惋惜、

宰予晝寢。子曰。朽木不可雕也。糞土之牆不可杇也。於予與何誅。子曰。始吾於人也。聽其言而信其行。今吾於人也。聽其言而觀其行。於予與改是。

朽、許久反、杇、音汙、與、平聲、下同、晝寢者、今所謂午睡、朽、腐也、雕、雕琢、王氏曰、杇、鏝也、釋謂塗工之器也、孔氏曰、誅責也、今我當何責於予乎、深責之、又曰改是、聽言信行、更察言

觀行、發於宰我之晝寢、范氏曰君子之於學、惟日孜孜、斃而後已、惟恐其不及也、宰予晝寢、自棄孰甚焉、故夫子責之、

子曰。吾未見剛者。或對曰申棖。子曰。棖也慾。焉得剛。

焉、音嫣、申棖弟子姓名、程氏曰、人有慾、則無剛、剛、則不屈於慾、

子貢曰。我不欲人之加諸我也。吾亦欲無加諸人。子曰。賜也。非爾所及也。

吾亦欲無加諸人、勉之或可、我不欲人之加諸我、然則自問已了無過失乎、抑能擇處中庸而無偏乎、是以夫子未之許耳、

子貢曰。夫子之文章。可得而聞也。夫子之言性與天道。不可得而聞也。

朱氏曰、文章、德之見乎外者、威儀文辭皆是也、邢疏曰、人稟自然之性、及天之自然之道、皆不知所以然而然、是其理深微、故不可得而聞也、

子路有聞。未之能行。唯恐有聞。

朱氏曰、前有所聞者、既未及行、故恐復有所聞、而行之不給也、范氏曰、子路聞善、勇於必行、門人自以爲弗及也、故著之、若子路、可謂善用其勇矣、

子貢問曰。孔文子。何以謂之文也。子曰。敏而好學。不

恥下問。是以謂之文也。

好、去聲、孔曰、孔文子衛大夫、孔圉、文、諡也、敏者識之疾也、下問、謂凡在己下者、子貢疑文之謚法過美、故問、夫子舉其善、足以稱謚、如此耳、

子謂子產。有君子之道四焉。其行己也恭。其事上也敬。其養民也惠。其使民也義。

朱氏曰、子產、鄭大夫公孫僑、恭、謙遜也、敬、謹恪也、惠、愛利也、使民義、如都鄙有章、上下有服、田有封洫、廬井有伍之類、

子曰。晏平仲。善與人交。久而敬之。

周曰、齊大夫、晏姓、平謚、名嬰、程氏曰、人交久、則敬衰、久

而能敬、所以爲善、

子曰。臧文仲。居蔡。山節。藻棁。何如其知也。

朱氏曰、棁、章悅反、知、去聲、臧文仲、魯大夫臧孫氏、名辰、居、猶藏也、蔡大龜也、節、柱頭斗拱也、藻、水草名、棁、梁上短柱也、蓋爲藏龜之室、而刻山於節、畫藻於棁也、當時以文仲爲知、孔子言其不務民義、而諂瀆鬼神如此、

虛器、卽此事也、

吳氏曰、臧文仲、不仁者三、不知者三、是也、數其事而稱之者、猶有所未至也、子產有君子之道四焉是也、今或以一言蓋一人、一事蓋一時、必審而後可、

子張問曰。令尹子文。三仕爲令尹。無喜色。三已之。無

慍色。舊令尹之政。必以告新令尹。何如。子曰。可謂忠矣。曰。仁矣乎。曰。未知。焉得仁。

孔曰、令尹子文、楚大夫姓鬬、名穀、字於菟、但聞其忠事、未知其仁也、朱氏從之、曰、知如字、錯矣、知應作智、新令尹未必不如舊者、又何以告諸以舊政、是爲不智、倘作知字解、又何謂焉得仁、是以未合、

崔子弒齊君。陳文子有馬十乘。棄而違之。至於他邦。則曰。猶吾大夫崔子也。違之。之一邦。則又曰。猶吾大夫崔子也。違之。何如。子曰。清矣。曰。仁矣乎。曰。未知。焉

得仁。

乘、去聲、朱氏曰、崔子齊大夫、名杼、齊君莊公名光、陳文子亦齊大夫、名須無、十乘四十匹也、違去也、文子潔身去亂可謂清矣、此釋仍從孔安國之意、以爲未知其仁也、愚仍以爲知、智也、與上章同、文子不知是邦之大夫賢否、則往而從之、至再至三、自取其辱、爲得智、是以爲未知、爲得仁也、

季文子三思而後行。子聞之曰。再。斯可矣。

三、去聲、鄭高密曰、季文子魯大夫、季孫行父、文謚也、文子忠而有賢行、其舉事寡過、不必三思、程氏曰爲惡之人未嘗知有思、有思爲善矣、然至於再則已審、三則私意起而反惑、故夫子譏之、朱氏曰、宣公簒立、文子乃不能討、反爲之使齊、而納賂焉、

豈非程子所謂私意起、而反惑之驗與、是以君子務窮理、而貴果斷、不徒多思之爲尙、

子曰。甯武子。邦有道則知。邦無道則愚。其知可及也。其愚不可及也。

知、去聲、朱氏曰、甯武子衞大夫、名兪、按春秋傳、武子仕衞、當文公成公之時、文公有道、而武子無事可見、此其知可及也、成公無道、至於失國、而武子周旋其間、盡心竭力、不避艱險、凡其所處、皆知巧之士所深避、而不肯爲者、而能卒保其身、以濟其君、此其愚不可及也、

按以上數章、俱爲答問、及評定各國卿大夫、言行之賢否、惟此章、

夫子特擧出知之與愚、與令尹子文、及陳文子二節、有息息相關之處、叠見未知焉得仁之知、應從去聲無疑、知倘作如字讀、便不成爲句法矣、

子在陳曰。歸與歸與。吾黨之小子狂簡。斐然成章。不知所以裁之。

與、平聲、斐、音匪、此孔子周流四方、道不行而思歸之歎也、吾黨小子、指門人之在魯者、狂簡、志大而略於事也、斐、文貌、成章言其文理成就、有可觀者、裁、割正也、夫子初心欲行其道於天下、至是而知其終不用也、於是始欲成就後學、以傳道於來世、又不得中行之士、而思其次、以爲狂士、志意高遠、猶或可與進於道也

、但恐其過中失正、而或陷於異端耳、故欲歸而裁之、此爲朱氏之注釋、文章俊爽、突過前賢、此章不知所以裁之者、漢賢乃謂、小子不自裁制、故歸而有以裁之、此點較爲密切也、

子曰。伯夷叔齊。不念舊惡。怨是用希。

希、罕也、少也、孔曰、伯夷叔齊、孤竹君之二子、孤竹國名、正義曰、伯夷姓墨、名允、字公信、伯、長也、夷、謚也、叔齊名智、字公達、伯夷弟、齊、謚也、初其父欲立叔齊、伯夷遂逃去、叔齊亦不肯立而逃之、而兄弟仍聚首、同至餓而死、故謂不念舊惡、怨亦從是而希、

子曰。孰謂微生高直。或乞醯焉。乞諸其鄰而與之。

醯、呼西反、醋也、微生姓、高名、魯人以直聞者、或乞醯者、不告以用之竭、乃乞諸其鄰而與之、孔以爲委曲、非爲直人、程氏曰、微生高所枉雖小、害直爲大、此言甚是、人不可以小而忽之也、

子曰。巧言令色足恭。左丘明恥之。丘亦恥之。匿怨而友其人。左丘明恥之。丘亦恥之。

孔曰、左丘明魯太史也、正義謂、受春秋經於仲尼者也、孔曰、足恭、便僻貌、匿怨者、內心相怨、而外詐親、謝氏曰、二者之可恥、有甚於穿窬也、此孔子之賛丘明、與之有同感焉、

顏淵季路侍。子曰。盍各言爾志。子路曰。願車馬衣輕

裘。與朋友共。敝之而無憾。顏淵曰。願無伐善。無施勞。子路曰。願聞子之志。子曰。老者安之。朋友信之。少者懷之。

孔曰、憾、恨也、伐、自稱也、施、以勞事施於人也、至夫子言志一節、漢宋諸釋、於心欠安、愚以爲安者、以老者之心之所安爲安也、信者、朋友能信之、亦出自見信朋友始、朋友列五倫、亦猶手足也、應信任之、然後得其所信、不然路人等耳、懷者懷念少者、如少時之眠食、或子弟于役、及負笈尋師、倚門倚閭望之之類、推己及人亦爲此而已、

按朱氏曰、老者養之以安、朋友與之以信、少者懷之以恩、一說安、

之、安我也、信之、信我也、懷之、懷我也亦通、亦通二字、最爲不通、然則夫子反不如顏淵、自伐其善矣、是非不別、畔道莫此爲甚、寧我說錯、猶愈於摸稜兩可、後之有目者、自然爲之改正也、然朱熹所釋之意則瑕多於瑜、如養之以安者、意似欠妥、所謂犬馬皆能有養、亦養也、與之以信者、此乃以自己爲主體、不是以老者及朋友與少者爲主體也、倘直以我之養之信之恩而言、未免自伐、夫子不爲也、然漢宋諸賢所注、大致以曾參所謂與朋友交而不信乎之先襲、而錯誤耳、茲舉夫子一言以爲證、曰、如使顏氏之子多財吾必爲汝宰、又如古之唐堯與虞舜、後漢之劉備與諸葛亮、亦同一信任而已、以此可見朋友苟能信之、則其言行得能相顧爲何如、亦可知矣、且老者安之、老者乃父輩也、非心其心者、惡可安之、此不獨在彼或在我而已、然少者懷之亦以少者、有不得離乎懷念之處、如衣食住行及學業之類又安可分爲在彼或在我也、故推己能及乎人者、正視人之猶己已耳、安之、信之、懷之、又何分彼與我哉、聖人之德之醇、雖擧三端其誠則一也、

子曰。已矣乎。吾未見能見其過。而內自訟者也。

包氏曰訟猶責也、內自訟者、正猶引咎自責也、已矣乎乃夫子嘆曰、恐終不得見、內自訟過之人也、

子曰。十室之邑。必有忠信如丘者焉。不如丘之好學也。

焉、如字、語已辭也、好、去聲、十室小邑也、人具忠信之質如丘有

矣、未若丘之好學耳、此夫子猶自謂從學而知之、不我欺也、總之聖人可學而到、學者不可不勉勵求之也、

雍也第六

凡二十八章篇內第十四章以前大意與前篇同

子曰。雍也可使南面。仲弓問子桑伯子。子曰。可也簡。仲弓曰。居敬而行簡。以臨其民。不亦可乎。居簡而行簡。無乃太簡乎。子曰。雍之言然。

朱氏曰、南面者、人君聽治之位、言仲弓寬洪簡重、有人君之度也、子桑伯子、魯人、胡氏以爲卽莊周所稱子桑戶者是也、雍以是問、夫子擧其長曰、可也簡、簡猶略也、雍有未安、故又疑而有問、子許雍之言然也、哀公問弟子孰爲好學。孔子對曰。有顏回者好學。不遷怒。不貳過。不幸短命死矣。今也則亡。未聞好學者也。

朱氏曰、好、去聲、亡、與無同、遷移也、貳復也、怒於甲者、不移於乙、過於前者、不復於後、顏子克己之功、至於如此、可謂眞好學矣、短命者、顏子三十二歲而卒也、既云今也則亡、又言未聞好學者、蓋深惜之、

按孔子弟子三千、不爲少矣、但孔子對哀公之問、僅擧顏子一人、且云短命死矣、今也則亡、乃無第二人、可言好學者、故夫子之哭顏回、曰、天喪予、天喪予、可見顏子幾聖矣乎、如能假以歲月、

則將繼起、夫子之學無疑、然夫子自稱、吾學無厭、回也有之矣、然夫子有天縱之將聖之稱、而回也若愚、不違如愚、退省其私、又曰回也不愚、可見回不是生知、誠由好學而得、但於好學而言、夫子僅稱其、不遷怒、不貳過、嗚呼其爲學者、未嘗離乎克己耳、克己之要、去欲務盡、而復見天地之心、天地之心、冲和之氣、生生之德也、顏子體此、所以得其仁也、遷怒貳過、仁者不爲、是以知顏子於三千人中、得好學之效者、一人已耳、其心三月不違仁者、仁猶未熟、迄至不遷怒貳過時、則其仁已成熟矣、故他人之所不及也、古人有云聖人可學而至、不吾欺也、只要如顏子之好學、假以年壽可也、至於困與勉強而知之、及其成功則一也、幸毋自暴棄矣、

子華使於齊。冉子爲其母請粟。子曰與之釜。請益。曰與之庾。冉子與之粟五秉。子曰赤之適齊也。乘肥馬。

衣輕裘。吾聞之也。君子周急不繼富。

使、爲、並去聲、馬氏曰　子華弟子、公西赤之字、六斗四升曰釜、十六斗曰庾、十六斛曰秉、五秉合爲八十斛、禮謂十斗曰斛、程氏謂子華爲孔子使齊、朱氏從之、意者義不當與粟也、而冉有爲之請粟、又固爲請益、且己多與之、夫子非之、以爲繼富、君子不爲也、

原思爲之宰。與之粟九百。辭。子曰。毋。以與爾鄰里鄉黨乎。

原憲、原姓、憲名、思字也、弟子、孔子爲魯司寇、以原憲爲家邑宰、與之粟九百、辭、孔安國曰、九百、九百斗、辭讓不受、夫子禁止其辭、故曰毋、是爲應受之祿也、辭以多、可分與鄰里之貧者、

鄭高密曰、五家爲鄰、五鄰爲里、萬二千五百家爲鄉、五百家爲黨、

子謂仲弓曰。犂牛之子。騂且角。雖欲勿用山川其舍諸。

犂、音梨、騂、音辛、何氏曰、犂雜文、騂赤也、角者、角周匀、中犧牲、雖欲以其所生犂、而不用、山川寧肯舍之乎、言父雖不善、不害於子之美、皇疏曰、山川百神、豈薄此牛、毋惡而棄舍其子、遂不歆饗此祭乎、必不舍矣、朱氏曰、此論仲弓云爾、非與仲弓言也、范氏曰以瞽瞍爲父、而有舜、以鯀爲父、而有禹、古之聖賢、不繫於世類、尙矣、子能改父之過、變惡以爲善、則可謂

孝矣、

按詩祭以清酒、從以騂牡、騂牡者、有以別騂牝也、牝者雖角、則不中犧牲之用、所以稱角者、其義恐不止周正已耳、何氏之說嫌稍隔閡、角者卽稱牡之所以爲牡也、所謂角逐角鬥角技者、並非以其周正也、

子曰。回也其心三月不違仁。其餘。則日月至焉而已矣。

皇氏疏曰、三月爲一時、天氣一變、愚以爲一時者、猶四時之有春也、生生不已、仁心是也、誠無一毫私欲、間於其間、顏子萌茁此心、惟夫子有以知之、其餘一日或一月至焉而已、

季康子問仲由。可使從政也與。子曰。由也果。於從政

乎何有。曰。賜也可使從政也與。曰。賜也達。於從政乎何有。曰。求也可使從政也與。曰。求也藝。於從政乎何有。

與、平聲、季康子魯卿、季孫肥也、包氏曰、果、謂果敢決斷、孔氏曰、達、謂通於物理、藝、謂多才藝、朱氏曰、從政、謂爲大夫、愚聞子貢問今之從政者何如、子曰噫、斗筲之人、何足算也、又曰今由與求也、可謂具臣矣、以此推之、夫子未許三子之可從政明矣、雖各擧其長、然與從政何有哉、

按皇氏疏曰三子各有所長、於從政何有難乎、程氏曰非惟三子、人各有所長、能取其長、皆可用也、以此觀之、夫子似曾許可矣、惟

朱氏意有未安、故曰從政謂爲大夫、愚則以爲夫子既識人以斗筲、而獨詡三子之才之長、以爲可從政乎、且曾直責由求僅爲具臣、而以爲勝斗筲乎、夫子不爲也、

季氏使閔子騫爲費宰。閔子騫曰。善爲我辭焉。如有復我者。則吾必在汶上矣。

費、音秘、爲、去聲、汶、音問、閔子騫、弟子、名損、孔曰、費、季氏邑、季氏不臣、而其邑宰數畔、聞閔子騫賢、故欲用之、閔子與使者曰、善爲我辭焉、如若再來召我、則吾必在汶上而之齊焉、汶水在齊南魯北之地、

按孔門之顏曾閔冉諸子、以德行著者、誠有以異乎他人也、而閔子

此言、其善善惡惡之聲氣、宛在目前、且具有豫測之明、果決之勇、故夫子有謂仁者必有勇、勇者未必有仁、此仲由所以不得其死、冉有爲之附益、視閔子之賢爲何如、

伯牛有疾。子問之。自牖執其手。曰。亡之。命矣夫。斯人也而有斯疾也。斯人也而有斯疾也。

夫、音扶、朱氏曰、伯牛、弟子、姓冉、名耕、有疾、先儒以爲癩也、牖、南牖也、禮、病者居北牖下、君視之、則遷於南牖下、使得以南面視己、時伯牛家以此禮、尊孔子、孔子不敢當、故不入其室、而自牖執其手、蓋與之永訣也、命、謂天命、言此人不應有此疾、而今乃有之、是乃天之所命也、

按伯牛之有惡疾、皇侃疏引淮南子、云、伯牛癩、夫子乃謂斯人也、而有斯疾也、不獨痛惜之而已、且不敢怨天之不佑善人、曰亡之、亡、與無同、孔安國作喪字解、欠妥、亡者無已也、且猶無可怨憾也、命矣夫、乃以君子安命、而慰藉之耳、牖交窗也朱氏引禮以釋、意義俱甚精當、所云夫子不敢當者、謙也、其實君與父、父與師、易地而由之、皆然也、

子曰。賢哉回也。一簞食。一瓢飲。在陋巷。人不堪其憂。回也不改其樂。賢哉回也。

食、音嗣、樂、音洛、簞、竹器之圓者、說文作笥解、孔氏從之非也、鄭高密曰、圓曰簞、方曰笥、均竹器、非一也、食、飯也、瓢、枯瓠之瓢

、朱氏曰、顏子之貧如此、而處之泰然、不以害其樂、故夫子再言賢哉回也、以深嘆美之、

按顏子之樂、而得之夫子者也、夫子之所樂、何樂也、千載後而未聞其說、秖有子來子瞿唐者、自謂知之、所謂斯文晦而復明、某亦不能自辭矣、其言繫於古本大學條解下、來子曰周茂叔教人、每令人尋孔顏樂處、所樂何事、亦不說、所樂何事、朱子亦說程子引而不發、今亦不敢妄爲之說、非不說也、只恐眞不知所樂何事、看來自漢唐宋至於今日之儒、通不知所樂何事、恐知之者、惟周茂叔一人而已、蓋人無欲即樂、孔子說君子坦蕩蕩、無欲也、孟子說反身自誠、樂莫大焉、無欲也、仰不愧於天、俯不怍於人、無欲也、以至心廣體胖、無人而不得、人知不知亦囂囂、皆無欲之樂也、

冉求曰。非不說子之道。力不足也。子曰。力不足者。中

道而廢。今女畫。

說、音悅、女、音汝、畫、音劃、力不足者、半途而力竭、致廢然也、畫者、自限也、可進而不進也、

子謂子夏曰。女爲君子儒。無爲小人儒。

儒、學者之稱、謝氏曰、君子小人之分、義與利之間而已、然所謂利者、豈必殖貨財之謂、以私滅公、適己自便、凡可以害天理者、皆利也、

按孔子曰、聖人吾不得而見之矣、得見君子者斯可矣、禮曰、儒以道得民、以此衡君子儒、遠聖人、一間耳、故揚雄謂通天地人曰儒者、有以也、謝氏此言、尙近理耳、予以爲通天地人、兼以明義與利之別、而且具有仁心者聖矣、

子游爲武城宰。子曰。女得人焉耳乎。曰。有澹臺滅明者。行不由徑。非公事。未嘗至於偃之室也。

女、與汝同、澹與淡同、武城魯小邑、包氏曰澹臺姓、滅明名、字子羽、言其公且方、皇疏曰、有澹臺滅明者、行不由徑、言其人之德也、包氏曰子羽、少孔子三十九歲、狀貌甚惡、欲事孔子、孔子以爲材薄、既已受業、退而脩行、名施於諸侯、孔子聞之曰吾以貌取人、失之子羽、是亦弟子也、

子曰。孟之反不伐。奔而殿。將入門。策其馬。曰。非敢後也。馬不進也。

孔安國曰、魯大夫孟之側、與齊戰、軍大敗、不伐者不自伐其功、馬氏曰、殿、在軍後、孟之反賢而有勇、曰、我非敢在後拒敵、馬不能前進、謝氏曰人能操無欲上人之心、則人欲日消、天理日明、而凡可以矜己誇人者、皆無足道矣、

子曰。不有祝鮀之佞。而有宋朝之美。難乎免於今之世矣。

朱氏曰、鮀、徒何反、祝、宗廟之官、鮀、衞大夫、字子魚、有口才、朝、宋公子有美色、言衰世好諛悅色、非此難免、蓋傷之也、

子曰。誰能出不由戶。何莫由斯道也。

洪氏曰、人知出必由戶、而不知行必由道、非道遠人、人自遠爾、

子曰。質勝文則野。文勝質則史。文質彬彬。然後君子。

野、鄙略野人也、史、事猶可記也、彬彬、文質備、而采明也、是之爲君子、

按易曰、大人虎變、君子豹變、可見有其質必有其文、無疑、倘有其質、而薄其文者、自棄也、或有其文、而滅其質者、自暴也、是以知文之與質、不可相勝、故謂之彬彬然、猶虎變豹變者、亦人應具有者也、惟君子存之、小人亡之耳、朱熹注謂彬彬、猶班班也、不知何據、古樂府謂、車班班、入河間、狀其聲也、又類篇註、彬音班、采明也、

子曰。人之生也直。罔之生也。幸而免。

人之生也直、順也宜也、不獨生理事理道理皆然、罔者、枉曲也、枉曲苟能生存者、幸而免耳、

子曰。知之者。不如好之者。好之者。不如樂之者。

好、去聲、樂、音洛、茲以飲酒取譬、知酒可以排悶解憂者、知也、不如見酒耽之、無酒思之者、之好之也、然猶不及、朝夕飲之、日日甘之、無酒而不樂者、之樂也、惟夫子此言、爲樂道而發也、與惟酒無量、不及亂者、乃夫子之有戒心者不同也、

子曰。中人以上。可以語上也。中人以下。不可以語上也。

以上、之上、上聲、語、去聲、此正所謂夫子循循然善誘人、不以躐

等施敎、乃誘掖之道也、倘與中人之下、而與之語上者、非獨不易入、且易使人勞憊而生厭也、

樊遲問知。子曰。務民之義。敬鬼神而遠之。可謂知矣。問仁。曰。仁者先難而後獲。可謂仁矣。

知、遠、皆去聲、義者宜也、遠者、離之遠耳、呂氏曰當務之急、不求所難知、力行所知、不憚所難爲、此言説理甚精、於義亦得、雖夫子嘗稱鬼神之於德其盛矣乎、乃非務民之義、故謂敬而遠之、

子曰。知者樂水。仁者樂山。知者動。仁者靜。知者樂。仁者壽。

知、去聲、以上二樂字並音堯去聲、好也、下一樂音洛、知者、慮如淵海、故樂水、仁者、靜如山岳、故樂山、是以知者、自有沉潛之樂、仁者、以其厚重而壽、

子曰。齊一變。至於魯。魯一變。至於道。

程氏曰、夫子之時、齊強魯弱、孰不以爲齊勝魯也、然魯猶存周公之法制、齊由桓公之霸、爲從簡尙功之治、太公之遺法、變易盡矣、故一變乃能至魯、魯則脩舉廢墜而已、一變則至於先王之道、愚謂二國之俗、惟夫子爲能變之、而不得試、然因其言考之、則其施爲緩急之序、亦略可見矣、

子曰。觚不觚。觚哉觚哉。

觚、音孤馬氏云觚、禮器、一升曰爵、二升曰觚、鄭高密從之、觚哉觚哉、言非觚也、以喻爲政、不得其道則不成、

按馬鄭之注、亦已明晰、而朱熹却未肯從、欲出新裁而注曰、觚、稜也、或曰酒器、或曰木簡、皆器之有稜者、此言未免鑿矣、非獨不新、且甚欠當、惟觚原有角、班固西都賦、有句引用之曰、上觚稜而棲金爵、觚之作稜解、未知尙有他據否、

宰我問曰。仁者雖告之曰。井有仁焉。其從之也。子曰。何爲其然也。君子可逝也。不可陷也。可欺也。不可罔也。

孔曰、宰我以仁者、必濟人於患難、故問、有仁人墮井將自投下、從而出之乎、逝、往也、言君子、可使往視之耳、不肯自投從之、馬氏曰、可欺者、可使往也、不可罔者、不可誣罔、令自投下、愚玩井有仁焉、其從之也、宰我疑爲仁之難、猶若絕路、頗忤視之、乃試擧爲問、嚴乎哉、夫子之答、曰、何爲其然也、故申之以不可陷、不可罔之誨、以是細審從之二字、直猶從之死耳、雖然此意出漢宋諸注之外、抑有其理存焉、留與賢者、玩之可乎、

按朱熹注曰、劉聘君曰、有仁之仁、當作人、今從之、愚以爲未若古注爲妥、惟同聲同氣者、始可得相求相應焉、或謂井有三苗四兇之不仁者、祈雷殛之不暇、亦欲從而救之乎、況能惡人、而惡不仁之仁者乎、夫子嘗謂、殷有三仁焉、非人是何、且仁、不獨包乎人已耳、乃仁人也、噫如熹者、可謂强作解人矣、

子曰。君子博學於文。約之以禮。亦可以弗畔矣夫。

夫、音扶、約、要也、畔、背也、朱氏曰、君子學欲其博、故於文無所不考、守欲其要、故其動必以禮、如此則可以不背於道矣、

子見南子。子路不說。夫子矢之曰。予所否者。天厭之。天厭之。

說、音悅、否、方九反、孔曰、舊以南子者、衞靈公夫人、淫亂、而靈公惑之、朱氏曰、古者仕其國、有見其小君之禮、而子路以夫子見此淫亂之人、爲辱、故不悅、矢、誓也、否者、不合於禮、不由其道、厭、棄絕也、聖人尙禮爲先、且道德兼全、見惡人、又何咎焉、此豈子路、所能領略哉、

子曰。中庸之爲德也。其至矣乎。民鮮久矣。

鮮、上聲、罕也、中庸、予以爲乃古之一名辭耳、合漢宋諸注而並觀、猶嫌未愜於心、必包乎執中時中、庸德庸言、意則近之、不可分析也、白刃可蹈也、中庸不可能也、是謂中庸不可强至、乃水到渠成之候也、故謂其德、民鮮久矣、

按中庸者、用其中也、其兩端猶太極也、若以中庸合太極而言、可以見天地之心矣、中庸者、乃天理之常也、太極者、乃天理之變也、倘能守其常、而知其變、則天理未嘗離乎人心也、

子貢曰。如有博施於民。而能濟衆。何如。可謂仁乎。子曰。何事於仁。必也聖乎。堯舜其猶病諸。

施、去聲、博、廣也、事、由也、何由於仁、必也聖乎、孔曰君能廣施恩惠、濟民於患難、堯舜至聖、猶病其難、

夫仁者。己欲立而立人。己欲達而達人。能近取譬。可謂仁之方也已。

謂己欲立欲達者、乃推己及人、以近取譬之方法也、與上章子貢之問、夫子答以堯舜其猶病諸、正復鍼對、可見爲仁之方、徒事高遠無益也、

述而第七　凡三十七章

子曰。述而不作。信而好古。竊比於我老彭。

好、去聲、朱氏曰、述、傳舊而已、作、則創始也、故作非聖人不能、而述則賢者可及、竊比、尊之之辭、我、親之之辭、老彭、商賢大夫、見大戴禮、蓋信古而傳述者也、孔子刪詩書、定禮樂、贊周易、脩春秋、皆傳先王之舊、而未嘗有所作也、故其自言如此、蓋不惟不敢當作者之聖、而亦不敢顯然自附於古之賢人、蓋其德愈盛而心愈下、不自知其辭之謙也、然當是時作者略備、夫子蓋集羣聖之大成、而折衷之、其事雖述、而功則倍於作矣、

子曰。默而識之。學而不厭。誨人不倦。何有於我哉。

識、音志、記也、何有於我者、此言於三者外、何者能有於我也、

按朱氏曰、何有於我、言何者能有於我也、三者已非聖人之極至、而猶不敢當、則謙而又謙之辭也、此言大錯、賢者亦不至此、況至聖乎、何不較述而下章有謂、抑爲之不厭、誨人不倦、則可謂云爾已矣、

子曰。德之不脩。學之不講。聞義不能徙。不善不能改。是吾憂也。

尹氏曰、德必脩而後成、學必講而後明、見善能徙、改過不吝、此四者、日新之要也、苟未能之、聖人猶憂、況學者乎、

子之燕居。申申如也。夭夭如也。

燕居者、安居閒暇時也、楊氏曰申申、其容舒也、夭夭、其色愉也、按弟子、能以此四字、形容夫子之燕居、非深於詩教者不辦、且閒居乃有如此氣象、非聖人孰能當之哉、程氏謂人之燕居、不怠惰放肆、必太嚴厲、惟聖人便自有中和之氣、甚是、

子曰。甚矣吾衰也。久矣吾不復夢見周公。

復、扶又反、朱氏從何氏之意、謂孔子盛時、志欲行周公之道、故夢寐之閒、時或見之、程氏曰、及其老也、則志慮衰、而不可以有爲矣、蓋存道者、心無老少之異、而行道者、身老則衰也、

子曰。志於道。據於德。依於仁。游於藝。

志、朱氏從說文、心之所之也、道、立人之道也、據、安也、德、

有得於心者也、予謂德者、誠之本也、依、不違之謂、仁、生之性也、義之本也、游、玩物適情之謂、藝、禮樂之文、射御書數之法也、按夫子此言、欲推己之所具有、以及乎人也、苟志於道焉、而不據於德、不爲全也、既據於德焉、而昧於生之性、義之本、是道德與仁相違、則又未足爲體仁長人也、夫道之與德與仁、悉已具備於我、而獨於藝如有所闕、亦未足爲體用兼該、本末並茂之致者矣

子曰。自行束修以上。吾未嘗無誨焉。

脩、脯也、十脡爲束、古者相見、必執贄、以爲禮、束脩其至薄者、聖人之於人、無不欲其入於善、但不知來學、則無往教之禮、故苟以禮來、則無不教之也、

子曰。不憤不啓。不悱不發。舉一隅。不以三隅反。則不

復也。

憤、音紋、上聲、悱、音斐、憤、鬱也、啓、開也、悱、結也、發者散也、達也、一隅者、四隅之所同也、復者再也、

按鄭高密曰、孔子與人言、必待其人心憤憤、口悱悱、乃復啓發、爲說之如此、竊不知何所據而云然、而朱氏敢從之、而解曰、憤者心求通而未得之意、悱者、口欲言而未能之貌、而愚却終未能了解、悱字之形、原不從口、悱字之義、何知欲言、且又無引證、無已、秖得謂之欠當可乎、然鄭謂憤憤悱悱疊其字、未知何意而疊之、亦秖得謂之欠當耳、

子食於有喪者之側。未嘗飽也。子於是日哭。則不歌。

臨喪哀、而能甘食、又何必與於此喪也、是日哭有餘哀之未盡、

則歌、不亦哭亦僞乎、此夫子之所以盡人情、而合乎禮也、

子謂顏淵曰。用之則行。舍之則藏。惟我與爾有是夫。子路曰。子行三軍則誰與。子曰。暴虎馮河。死而無悔者。吾不與也。必也臨事而懼。好謀而成者也。

舍、上聲、夫、音扶、尹氏曰、用舍無與於己、行藏安於所遇、命不足道也、顏子幾於聖人、故亦能之、朱氏曰萬二千五百人爲軍、大國三軍、子路見孔子獨美顏淵、自負其勇、意夫子若行三軍、必與己同、馮、音憑、好、去聲、孔安國曰、暴虎徒搏、馮河徒涉、謂徒手搏虎、徒手涉河、朱氏從之、且徒好勇、而不好謀、雖死無

悔者、非夫子所許也、然徒搏徒涉、未必死也、

按小雅小旻謂不敢暴虎、不敢馮河、夫子旣運用之、必以其神理相合、血脉貫通、意者重言其難、益嫌其愚而好勇、竊意馮河猶照影而致相搏至死耳、此與山雞對鏡而鬥類也、抑或暴虎馮河、乃古語乎、若云暴虎徒搏、馮河徒涉、未免湊合成句也矣、

子曰。富而可求也。雖執鞭之士。吾亦爲之。如不可求。從吾所好。

好、去聲、富如可求、雖執鞭賤役、亦願爲之、明知其不可强求、故君子知命之由天、乃安貧而樂道、

子之所愼。齊。戰。疾。

齊、音齋、齊之爲言齊也、謂將祭致誠猶洗心也、故曰祭神如神在、祈其來饗也、戰、則危事也、民之生死、國之存亡、繫焉、故曰、臨事而懼、好謀而成者也、藥足以療疾、辭餽藥則曰、丘未達不敢嘗、此皆夫子之愼也、尤以此三者爲最、齊祈神之來否、不得知也、戰之勝負不得知也、疾之生死存亡不得知也、然皆不可得而知之者、故夫子惟愼耳、

子在齊聞韶。三月不知肉味。曰。不圖爲樂之至於斯也。

范氏曰、韶、盡美、又盡善、樂之無以加此也、故學之三月、不知肉味、而歎美之如此、誠之至、感之深也、

按范注、三月上、加學之二字、乃引據史記、似較分明、倘仍舊、愚却以爲渾成、因學與習及好之樂之、俱有以異、加學之二字則反爲

所限、不加則學習好樂俱未之離耳、且孔子之所聞、與其所學、俱在其心之所由、他人惡得而知之、所謂心不在焉、食而不知其味、如其心在韶、而知其美、聞之三月、而未嘗舍諸、食肉當然不知其味也、譬如人有悲哀、如心喪三年、泣血三年、食而能知肉味乎、以是知加學之二字、畫添蛇足、未可從也、

冉有曰。夫子爲衛君乎。子貢曰。諾。吾將問之。入曰。伯夷叔齊何人也。曰。古之賢人也。曰。怨乎。曰。求仁而得仁。又何怨。出曰。夫子不爲也。

衛靈公、逐其世子蒯聵、公薨、而國人立蒯聵之子輒、於是晉納

蒯聵、而輒拒之、時孔子居衞、故冉有與子貢曰、未知夫子爲衞君乎、子貢曰、諾、乃入飾辭而問、夷齊怨乎、夫子答以求仁而得仁又何怨、以是知夫子不爲也、夷齊孤竹君之二子、初其父欲立叔齊、伯夷曰、父命也、遂逃去、叔齊亦不肯立、而逃去、

按冉有之疑、子貢之問、皆常人之所應有、倘在顏曾則自有其信念、不待疑問也、且舉夷齊與較、亦相去過遠、況夫子曾謂夷齊、不念舊惡、怨是用希、言之在前、抑有他歟、夫衞君三世、父子互與相惡、其爲政之道、亦可知矣、試問冉求之與子貢、寧爲之乎、倘有遲疑、則何勞復問夫子矣、

子曰。飯疏食。飲水。曲肱而枕之。樂亦在其中矣。不義而富且貴。於我如浮雲。

食、音嗣、枕、去聲、樂、音洛、疏食麤飯也、肱、臂也、程氏曰、非樂疏食飲水也、雖疏食飲水、不能改其樂也、不義之富貴、視之輕如浮雲然、又曰須知所樂者何事、

按程氏注、須知所樂何事、愚於雍也篇中、回也不改其樂、與夫子有同焉、孔顏之樂在無欲、此子來子瞿唐之言、吾於顏淵章中、詳言之矣、

子曰。加我數年。五十以學易。可以無大過矣。

何氏曰、以知天命之年、讀易之窮理盡性以至於命之書、故可以無大過、朱氏曰、加、當作假、五十應作卒、據史記之說、假我數年、卒以學易、若是我於易則彬彬矣、或謂夫子時年幾七十、俱不可從、

按此章、漢宋諸儒之解釋、聚訟紛紛、殊成辯難、然終不得結論耳、夫子嘗教人爲君子儒、要識其大者、與擇其善者、而從之、故愚以爲何氏之注、意已可通、不畔乎識大擇善之旨、朱氏之說、固矣、論語之言、惡可因史記而移易、且論語自論語、與史記不可同日而語、五十與七十之年、當然有先後、誰敢說、夫子四十餘歲未曾學易、假我數年、便以爲卒、自亦欠妥、且證諸可以無大過一語、夫子自言七十而從心所欲、不逾矩、何以年幾七十、却又自謂、可以無大過矣、噫、熹作此說、試問其心安乎否乎、惡可從歟、且易原有大過小過二卦、大過則剛過而中、小過則剛失位、而不中、故謂加我數年、五十以學易、可以無大過矣、五十如日方中之時、亦如位於中行、可得而時中也、況合乎知天命與知非之年、五十合易大衍之數、知非亦已得寡過矣、與無大過句、正復相應、此非知天命是何、倘謂此非夫子之說、我必謂合乎夫子之意、亦已可矣、況出於論語、何用穿鑿曲解、必謂之誤歟、夫子深恐學者誤爲小人儒、立言可不愼乎、

子所雅言。詩書執禮。皆雅言也。

雅、素也、猶平素耳、執、持也、猶執中耳、孔子平素常言詩書與禮、即猶不學詩、何以言、不學禮、何以立、書所以道唐虞之政、述堯舜之德也、惟獨禮尤言執者、以之謹節文、重踐履、猶人所執持而言也、

按漢儒、雅、作正解、如詩、書、禮、乃孔子之正言正也、則易與春秋、及夫子平素所說、皆非正言乎、故不如從程氏作素解、爲妥、朱氏作常解、未知所據、恐亦依素字之意也、

葉公問孔子於子路。子路不對。子曰。女奚不曰。其爲人也。發憤忘食。樂以忘憂。不知老之將至云爾。

葉、音適、葉公楚大夫、沈諸梁、字子高、爲葉縣尹、僭稱公、子路不對、孔安國曰、未知所以對、朱氏曰、必有非所問而問之、故不對、又曰未得則發憤而忘食、已得則樂之而忘憂、此言甚是、

按葉公問、乃是孔子之爲人、已見孔子之教言明矣、意者子路、如直以孔子之文章與德行對、抑以爲有所不屑歟、故不對、夫子乃曰、何不以如此對之、却僅費三言、以輕描淡寫之筆調、將聖人德行之實、猶若浮雕出之、非深於詩者、安能辦也、可見應對之難、故曰、不學詩何以言、於此可以見之矣、

子曰。我非生而知之者。好古敏以求之者也。

鄭高密曰、言此者、勸人學、正義曰、恐人以己爲生知、而不可學、故告之以此、朱氏曰好、去聲、敏、速也、謂汲汲也、

子不語。怪。力。亂。神。

王氏曰、怪、怪異也、力、謂若奡盪舟、烏獲舉千鈞之屬、亂謂臣弒其君、子弒其父、神、謂鬼神之事、或無益於敎化、或所不忍言、謝氏曰、聖人語常而不語怪、語德而不語力、語治而不語亂、語人而不語神、此正解也、

子曰。三人行。必有我師焉。擇其善者而從之。其不善者而改之。

朱氏曰、三人同行、其一我也、彼二人者、一善一惡、則我從其善而改其惡焉、是二人者皆我之師也、

子曰。天生德於予。桓魋其如予何。

孔子世家、謂孔子適宋、與弟子習禮大樹下、宋司馬桓魋、欲殺孔子、拔其樹、孔子去、弟子曰、可速矣、故孔子發此語、謂天生如是之德於予、桓魋其奈我何、此卽一本夫子之樂天安命也、

子曰。二三子以我爲隱乎。吾無隱乎爾。吾無行而不與二三子者。是丘也。

與者、許也、予也、朱氏曰、諸弟子以夫子之道高深不可幾及、故

疑其有隱、而不知聖人作止語默、無非敎也、夫子以此言曉之、按夫子行藏語默、辭受取予、無一非道、而無一非敎也、凡此未嘗違二三子而行之者也、又何得爲隱乎、然夫子謙抑、從未以自己爲聖、故出語誠悃、迄未離乎事實也、

子以四教。文。行。忠。信。

何氏曰、四者有形質、可以敎、程氏曰、敎人以學又脩行、而存忠信也、

子曰。聖人吾不得而見之矣。得見君子者。斯可矣。子曰。善人吾不得而見之矣。得見有恒者。斯可矣。亡而

爲有。虛而爲盈。約而爲泰。難乎有恒矣。

聖人者、卽出類拔萃者也、君子者、求仁尙德之人也、善者、不失爲君子之行者也、有恆者、能持久、而不渝、可學而企及乎君子者矣、子曰二字複、恐非一時之言、

子釣而不綱。弋不射宿。

孔安國曰、釣者一竿釣、綱者爲大網以橫絕流、以繳繫鈎、羅屬著綱、弋繳射也、宿、宿鳥、洪氏曰、孔子少貧賤、爲養與祭、或不得已而釣弋、如獵較是也、然盡物取之、出其不意、貪而多獲皆不爲也、可見仁人之本心矣、待物如此、待人可知、小者如此、大亦可知、

子曰。蓋有不知而作之者。我無是也。多聞。擇其善者

而從之。多見而識之。知之次也。

識、音志、不知而作者妄作也、此夫子之所不爲、擇善而從、多聞而識、則次於知之者也、

按知、猶直覺也、如知命、知人、知性、知理、之知也、故見而知之、聞而知之、則爲知之次也、孔安國所謂、次於天生而知之者、非也、作之者、猶罔念作狂之作也、非創作及述作之作也、

互鄉難與言。童子見。門人惑。子曰。與其進也。不與其退也。唯何甚。人潔己以進。與其潔也。不保其往也。

見、音現、朱氏曰、互鄉鄉名、其人習於不善、惑者、疑夫子不當見之也、與、許也、潔、脩治也、往前日也、但許其進而來見耳

、非許其既退而爲不善也、蓋不追其既往、不逆其將來、以是心至、斯受之耳、

按朱氏疑、人潔至往也、十四字、當在與其進也之前、以次序論、亦頗有理、細玩之、其語氣太緩、不可從也、唯何甚三字、語殊生硬、朱氏謂、大抵亦不爲已甚之意、此言是也、

子曰。仁遠乎哉。我欲仁。斯仁至矣。

程氏曰、爲仁由己、欲之則至、何遠之有、

按人之爲仁、猶推己及人、己所不欲、勿施於人、之類、卽猶以己之與人、二人等耳、乃由克己功夫着手、故曰仁遠乎哉、

陳司敗。問昭公知禮乎。孔子曰。知禮。孔子退。揖巫馬

期而進之曰。吾聞君子不黨。君子亦黨乎。君取於吳。爲同姓。謂之吳孟子。君而知禮。孰不知禮。巫馬期以告。子曰。丘也幸。苟有過。人必知之。

孔曰、司敗官名、陳大夫、昭公魯昭公、巫馬期弟子名施、相助匿非曰黨、魯吳俱姬姓、禮同姓不昏、而君取之、當稱吳姬、諱曰孟子、卽以司敗之言告也、諱國惡、禮也、聖人道弘、故受以爲過、此卽所謂觀過知仁也、

子與人歌而善。必使反之。而後和之。

和、去聲、反、復也、朱氏曰必使復歌者、欲得其詳、而取其善也、

而後和之者、喜得其詳、而與其善也、此見聖人氣象從容、誠意懇至、而其謙遜審密、不掩人善又如此、蓋一事之微、而衆善之集、有不可勝既者焉、讀者宜詳味之、

子曰。文莫吾猶人也。躬行君子。則吾未之有得。

謝氏曰、文雖聖人無不與人同、故不遜、能躬行君子斯可以入聖、故不居、猶言君子之道者三、我無能焉、

子曰。若聖與仁。則吾豈敢。抑爲之不厭。誨人不倦。則可謂云爾已矣。公西華曰。正唯弟子不能學也。

晁氏曰、當時有稱夫子聖且仁者、以故夫子辭之、苟辭之而已焉

、則無以進天下之材、率天下之善、將使聖與仁爲虛器、而人終莫能至矣、故夫子雖不居仁聖、而必以爲之不厭、誨人不倦自處也、可謂云爾已矣者、無他之辭也、公西華仰而歎之、其亦深知夫子之意矣、

子疾病。子路請禱。子曰。有諸。子路對曰。有之。誄曰。禱爾于上下神祇。子曰。丘之禱久矣。

包氏曰禱、禱請於鬼神、周氏曰、言有此禱請於鬼神之事、孔安國曰、子路失指、誄、禱篇名、又曰孔子素行合於神明、故曰丘之禱久矣、

按金縢、武王有疾、周公禱於三王請以身代、未嘗告諸武王也、何以夫子有疾、子路請禱、而夫子知之何也、且夫子問有諸、而朱氏

解之曰、有此理否、甚以爲奇也、若無此理、而周公竟行之矣、夫子安有否認周公之所爲乎、愚以此解、引爲大錯、

子曰。奢則不孫。儉則固。與其不孫也。寧固。

孫、音巽、與遜同、不遜、不恭順、固、陋也、朱氏曰俱失中、而奢之害大、晁氏曰不得已、而救時之弊也、

子曰。君子坦蕩蕩。小人長戚戚。

坦、平也、蕩蕩、寬廣貌、程氏曰君子循理、故常舒泰、小人役於物、故多憂戚、

子溫而厲。威而不猛。恭而安。

溫、和也、何以覺其嚴而厲、威、儀形、何以覺其爲猛苛也、恭、謙遜也、何以覺其爲安泰也、可見聖人之體用猶一也、恆人安可測哉、程氏以爲曾子之言、學者所宜反復而玩之也、

泰伯第八　凡二十一章

子曰。泰伯其可謂至德也已矣。三以天下讓。民無得而稱焉

王氏曰、泰伯大王之長子、次仲雍、少弟季歷、季歷賢、又生聖子文王昌、昌、必有天下、故泰伯以天下三讓於王季、其讓隱、故無得而稱之者、所以爲至德也、鄭高密曰、大王疾、泰伯因適吳採藥、大王歿而不返、季歷爲喪主、一讓也、季歷赴之、不來奔喪、二讓也、免喪之後、遂斷髮文身、三讓也、三讓之美、皆隱蔽不著、故人無得而稱焉

按朱氏引春秋傳、約謂大王因有翦商之志、而泰伯不從、大王遂欲傳位季歷以及昌、泰伯知之、卽與仲雍逃之荆蠻、夫以泰伯之德、當

商周之際、固足以朝諸侯而有天下矣、乃棄不取、而又泯其跡焉、則其德之至極爲何如哉、宜夫子歎息而贊美之也、愚以爲泰伯固爲至德、得夫子一言、而發其潛德之幽光、然仲雍之德、亦與泰伯相伯仲、更無得而聞焉、夫二氏之心與跡俱同、其事不獨爲亘古所創見、且亦爲伯夷叔齊倡也、吾敢向夫子請益三字曰、泰伯與仲雍其可謂至德也已矣、倘夫子有知得乎莞爾而笑歟、

子曰。恭而無禮則勞。慎而無禮則葸。勇而無禮則亂。直而無禮則絞。君子篤於親。則民興於仁。故舊不遺。則民不偷。

葸、想里反、何氏曰、畏、懼貌、言慎而不以禮節之、則常畏懼、馬

氏曰絞、絞刺也、朱氏曰、絞急切也、愚謂絞、繞也、直而不以禮節之、其弊急繞而亂也、包氏曰、興、起也、君能厚於親屬、不遺忘其故舊、行之美者、則民皆化之、起爲仁厚之行、偷、薄也、吳氏曰君子以下、當自爲一章、乃曾子之言也、朱氏以吳之說、近是、

曾子有疾。召門弟子曰。啓予足。啓予手。詩云。戰戰兢兢。如臨深淵。如履薄冰。而今而後。吾知免夫。小子。

鄭高密曰、啓、開也、曾子以爲受身體於父母、不敢毀傷、故使弟子開衾而視之也、孔曰言此詩者、喻己常戒懼、恐有毀傷、周氏曰、乃今日後、我自知免於患難矣、小子、弟子也、呼之者欲使

聽識其言、程氏曰君子曰終、小人曰死、君子保其身以歿、爲終其事也、尹氏曰、父母全而生之、子全而歸之、范氏曰身體猶不可虧也、況虧其行、以辱其親乎、

曾子有疾。孟敬子問之。曾子言曰。鳥之將死。其鳴也哀。人之將死。其言也善。君子所貴乎道者三。動容貌。斯遠暴慢矣。正顏色。斯近信矣。出辭氣。斯遠鄙倍矣。籩豆之事。則有司存。

遠、近、並去聲、馬氏曰、孟敬子魯大夫仲孫捷、包氏曰、欲戒敬子、言

我將死、言善可用、程氏曰、動容貌、擧一身而言也、周旋中禮、暴慢斯遠矣、正顏色、則不妄、斯近信矣、出辭氣、正由中出斯遠鄙倍、三者、正身而不外求、故曰籩豆之事、則有司存、尹氏曰、養於中、則見於外、曾子蓋以脩己、爲爲政之本、若乃器用事物之細、則有司存焉、

按曾子平生、以脩己引爲己任、謂貴乎道者三、乃其臨終之善言、盡畢生脩己之力所得者、未可等閒視之、動容貌、正顏色、出辭氣、亦猶君子三變之意、望之接之聞其聲之類也、鄭高密先生曰、動容貌濟濟蹌蹌、則人不敢暴慢之、正顏色、能矜莊嚴栗、則人不敢欺誕之、出辭氣、能順而說之、則無鄙惡倍戾之言、入於耳也、此言不獨背乎曾子之意、且亦貽誤後學、故不佞於斯、未敢已於言也、予謂曾子之意、動容貌、斯可遠乎暴慢矣、正顏色、斯可近乎信矣

、出辭氣、斯可遠乎鄙倍矣、此乃嚴於責己、非有以責於人也、不佞死罪、賢者所不能恕、亦秖聽之、程氏曰三者正身而不外求、此言甚是、惟謂周旋中禮、暴慢斯遠矣、亦未免有以涉及他人、稍欠安耳、

曾子曰。以能問於不能。以多問於寡。有若無。實若虛。犯而不校。昔者吾友。嘗從事於斯矣。

朱氏曰、校、計校也、馬氏曰友、顏淵也、予謂顏子之爲仁、猶水之就下、顏子之德行、如日月之昇恆、故推己以及人、已渾若無間矣、

曾子曰。可以託六尺之孤。可以寄百里之命。臨大節。

而不可奪也。君子人與。君子人也。

與、平聲、疑辭也、鄭高密曰六尺、十五歲也、孔曰六尺之孤、幼少之君、寄百里之命、攝君之政令、朱氏曰其才可以輔幼君、攝國政、其節至於死生之際而不可奪、可謂君子矣、

曾子曰。士不可以不弘毅。任重而道遠。仁以爲己任。不亦重乎。死而後已。不亦遠乎。

包氏曰、弘、大也、毅强而能斷也、士弘毅然後能負重任致遠路、孔曰、以仁爲己任、重莫重焉、死而後已、遠莫遠焉、

子曰。興於詩。立於禮。成於樂。

程氏曰、天下之英才、不爲少矣、特以道學不明、故不得有所成就、夫古人之詩、如今之歌曲、雖閭里童稚、皆習聞之、而知其說、故能興起、今雖老師宿儒、尙不能曉其義、況學者乎、是不得興於詩也、古人自灑掃應對、以至冠昏喪祭、莫不有禮、今皆廢壞、是以人倫不明、治家無法、是不得立於禮也、古人之樂、聲音所以養其耳、采色所以養其目、歌詠所以養其性情、舞蹈所以養其血脉、今皆無之、是不得成於樂也、是以古之成材也易、今之成材也難、

子曰。民可使由之。不可使知之。

程氏曰、聖人設敎、非不欲人家喻而戶曉也、然不能使之遍知、所以使之由之爾、若曰、聖人不使民知、則是後世朝四暮三之術

也、豈聖人之心乎、

按易以簡易、而天下之理得、故聖人效之、然以天下之大、億兆之衆、惡得使家喻而戶曉也、致家喻戶曉、且竭誠而信之者、仁政也、仁者爲政、達其鵠的者、可使民由之已耳、或曰、民可、使由之、不可、使知之、此說却亦有理、如湯武以臣伐君有不可之理在、故誓師、以告喻其民、使知殘賊之人、其罪不容誅、是以伐之、此說義與理、俱近是、可從也、

子曰。好勇疾貧。亂也。人而不仁。疾之已甚。亂也。

好、去聲、小人窮斯濫矣、況益以好勇必致亂而無疑、君子不爲已甚、況惡不仁之已甚、必致亂而無疑、且仁者之惡不仁、其疾惡在心、或處理之有方也、

子曰。如有周公之才之美。使驕且吝。其餘不足觀也已。

孔安國曰、周公者周公旦、程氏曰、驕氣盈、吝氣歉、蓋有周公之德、則自無驕吝、若有周公之才而驕吝焉、亦不足觀矣、

子曰。三年學。不至於穀。不易得也。

易、去聲、孔曰、穀、善也、難懂、朱氏曰、穀、祿也、予以爲是、但謂爲學之久、久字欠當、夫子爲學不厭之人、所謂發憤忘食、樂以忘憂、不知老之將至、豈以三年爲久乎、愚以爲僅短短三年爲學不至於干祿者、不易得也、況乎六年或九年者歟、

子曰。篤信好學。守死善道。危邦不入。亂邦不居。天下有道則見。無道則隱。邦有道。貧且賤焉。恥也。邦無道

富且貴焉。恥也。

好、去聲、所謂篤信好學者、爲守死善道也、危邦亂邦有道無道者、有關乎行藏之至要、取舍之至切者、知恥近道之言、如斯之謂歟、按達者兼善天下、窮者獨善其身、能細玩此章可以得其旨焉、

子曰。不在其位。不謀其政。

非其分而爲之諂也、夫子故有以警之、

子曰。師摯之始。關雎之亂。洋洋乎。盈耳哉。

鄭高密曰、師摯、魯大師之名、始猶首也、周道衰微、鄭衞之音作、正樂廢而失節、魯大師摯、始爲關雎之治、有洋洋盈耳、聽

而美之、

按此章、高密以亂爲治理解、甚爲透澈、而朱熹釋亂爲樂之卒章、且引史記曰、關雎之亂以爲風始、以此說法了無意義、更無理路可言、何以夫子獨美關雎之卒章也、熹之强爲立異、故與漢儒反對、以樹虛聲、愚殊以爲不取、

子曰。狂而不直。侗而不愿。悾悾而不信。吾不知之矣。

侗、音通、悾、音空、孔曰狂者進取宜直、侗未成器之人宜謹愿、包氏曰悾悾愨也、宜信、言皆與常度反、故曰我不知也、

子曰。學如不及。猶恐失之。

學如不及、敏求汲汲也猶恐失之、惟日孜孜也、

子曰。巍巍乎。舜禹之有天下也。而不與焉。

與、去聲、巍巍高大之貌、舜之與禹、但知明其德、而由其道、未嘗以有天下爲職志、故稱其於天下、若不與焉、是之謂巍巍乎

子曰。大哉堯之爲君也。巍巍乎。唯天爲大。唯堯則之。蕩蕩乎。民無能名焉。巍巍乎。其有成功也。煥乎。其有文章。

朱氏曰、唯、獨也、則、猶準也、蕩蕩、廣遠之稱也、言物之高大、莫有過於天者、而獨堯之德、能與之準、故其德之廣遠、亦如天之不可以言語形容也、尹氏曰、天道之大、無爲而成、唯堯則之、

以治天下、故民無得而名焉、所可名者、其功業、文章、巍然煥然而已、

舜有臣五人。而天下治。武王曰。予有亂臣十人。孔子曰。才難。不其然乎。唐虞之際。於斯爲盛。有婦人焉。九人而已。三分天下有其二。以服事殷。周之德。其可謂至德也已矣。

孔曰臣五人者、禹、稷、契、皐陶、伯益、馬氏曰、亂、治也、治官者十人、謂周公旦、召公奭、太公望、畢公、榮公、太顚、閎

夭、散宜生、南宮适、一人、謂文母、朱氏引劉侍讀以爲子無臣母之義、蓋邑姜也、此言可從、三分有其二者、朱考其時巳歸文王者、有六州、荆、梁、雍、豫、徐、揚也、惟青、兗、冀、尙屬紂耳、范氏曰、文王之德足以代商、天與之、人歸之、乃不取、而服事焉、所以爲至德也、或曰三分以下、宜別以孔子曰起之、而自爲一章可從也、

子曰。禹吾無間然矣。菲飮食。而致孝乎鬼神。惡衣服。而致美乎黻冕。卑宮室。而盡力乎溝洫。禹吾無間然矣。

閒、去聲、罅隙也、菲、音匪、黻、音弗、洫、音恤、孔安國曰、孔子推禹功德之盛美、馬氏曰、菲、薄也、致孝鬼神祭祀豐絜、孔曰、損其常服、以盛祭服、包氏曰方里爲井、井閒有溝、溝廣深四尺、十里爲成、成閒有洫、洫廣深八尺、朱氏曰、皆田閒水道也、以正疆界、備旱潦者也、或豐或儉、各適其宜、所以無罅隙之可議也、故再稱禹、以深美之、

子罕第九 凡三十章

子罕言利。與命。與仁。

罕、少也、程子曰計利則害義、命之理微、仁之道大、皆夫子所罕言也、

達巷黨人曰。大哉孔子。博學而無所成名。子聞之。謂門弟子曰。吾何執。執御乎。執射乎。吾執御矣。

鄭高密曰、達巷者黨名也、五百家爲黨、此黨人美孔子博學道藝、不成一名而已、夫子聞人美之、承之以謙、吾執御、欲名六藝之卑也、

按達巷黨人之讚美孔子、知其博大、却又疑不以一藝名、故承之以謙曰、吾執御矣、將欲名六藝之卑者、然藝雖云卑、而未嘗離乎御人、而由其道也、

子曰。麻冕。禮也。今也純。儉。吾從衆。拜下。禮也。今拜乎上。泰也。雖違衆。吾從下。

朱氏曰麻冕、緇布冠也、純、絲也、儉、謂省約、緇布冠三十升布爲之、升、八十縷、則其經二千四百縷矣、細密難成、不如用絲之省約、臣與君行禮、當拜於堂下、君辭之、乃升成拜、泰、驕慢也、程氏曰君子處世、事之無害於義者、從俗可也、害於義、則不可從矣、

子絶四。毋意。毋必。毋固。毋我。

何氏曰、以道爲度、故不任意、用之則行、舍之則藏、故無專必、無可無不可、義之與比、故無固行、述古而不自作、處羣萃而不自異、唯道是從、故不有其身、楊氏曰、非智足以知聖人、詳視而默識之、不足記此、

子畏於匡。曰。文王既沒。文不在茲乎。天之將喪斯文也。後死者不得與於斯文也。天之未喪斯文也。匡人其如予何。

朱氏曰、畏者有戒心之謂、匡地名、史記云陽虎曾暴於匡、夫子

貌似陽虎、故匡人圍之、道之顯者謂之文、蓋禮樂制度之謂、不曰道而曰文、亦謙辭也、茲、此也、孔子自謂、喪、與、並去聲、馬氏曰文王既沒、故孔子自謂後死者、言天若欲喪此文、則必不使我得與於此文、今我既得與於此文、則是天未欲喪此文也、天既未欲喪此文、則匡人其奈我何、言必不能違天害己也、

大宰問於子貢曰。夫子聖者與。何其多能也。子貢曰。固天縱之將聖。又多能也。子聞之曰。大宰知我乎。吾少也賤。故多能鄙事。君子多乎哉。不多也。

朱氏從孔安國、而謂大宰官名、或吳或宋未可知也、大宰蓋疑多

能爲聖也、子貢解之曰固天放縱之將聖、而又多能乃其餘事耳、夫子自謙、乃直曉之曰、多能鄙事耳、君子安用多哉、

牢曰。子云。吾不試故藝。

牢、弟子、姓琴字子開、一字子張、試用也、言由不爲世用、故得以習於藝而通之、此乃朱氏從古注之說也、

按牢曰章、決不可幷入上章、以語氣大異也、且漢宋諸說、大同而小異、不佞却敢謂、吾不試用故藝、以其已無需要、釣而不綱、弋不射宿、不復獵較之類已耳、此所謂吾少也賤、故多能鄙事耳、今則乃敎不倦之時矣、

子曰。吾有知乎哉。無知也。有鄙夫問於我。空空如也。

我叩其兩端。而竭焉。

知、音智、有鄙夫問我時、則我空空如也、無已、則叩其兩端而竭焉、則得之矣、

按孔安國曰、有鄙夫來問於我、其意空空然、此言欠當、程朱二氏、亦俱未了解、雖云鄙夫、來問者必有主意、惡得謂之空空乎、空空者、我本無意、以應萬變、無已乃叩其兩端而竭焉、安用有意之謂歟、兩端者卽是非之兩端、亦猶物之兩頭而已、

子曰。鳳鳥不至。河不出圖。吾已矣夫。

夫、音扶、朱氏曰、鳳靈鳥、舜時來儀、文王時鳴於岐山、河圖、河中龍馬負圖、伏羲時出、皆聖王之瑞也、已、止也、

按鳳鳥河圖、皆亘古希有之物、以之取喻、可見夫子自信之明確、

亦猶歎鳳嗟麟、夢見周公之象徵耳、誠天縱之聖、桓魋匡人、惡足懼其爲害歟、

子見齊衰者。冕衣裳者。與瞽者。見之雖少必作。過之必趨。

齊、音咨、衰、音催、少、去聲、齊衰喪服、冕、冠也、衣、上服、裳、下服、冕而衣裳、貴者之盛服也、瞽、無目者、作、起也、趨、疾行也、范氏從包氏之意曰、聖人之心哀有喪、尊有爵、矜不成人、其作與趨、蓋有不期然而然者、

顏淵喟然歎曰。仰之彌高。鑽之彌堅。瞻之在前。忽焉

在後。夫子循循然。善誘人。博我以文。約我以禮。欲罷不能。既竭吾才。如有所立卓爾。雖欲從之。末由也已。

喟、音潰、鑽、音攢、何氏曰、喟、歎聲、高堅、言不可窮盡、瞻忽、言恍惚不可形象、朱氏曰、循循有次序貌、誘、引進也、博文約禮、教之序也、程氏曰、此顏子、稱聖人、最切當處、卓立貌、末無也、胡氏曰、盡心力、不少休廢、然後見夫子所立之卓然、雖欲從之、末由也已、是蓋不怠所從、求必至乎卓立之地也、

按顏子所謂既竭吾才、如有所立卓爾、雖欲從之末由也已、三復斯言、我知其心力交悴、而神氣俱喪焉、至此已無復有所望焉、夫子所謂譬如爲山、未成一簣、而意至廢然、非欲罷而惰且止也、此之

謂力不足也、嗚呼天既賦顏子德行之美如此、而吝予以年、且奪其志、何其酷哉、何其酷哉、

子疾病。子路使門人爲臣。病間。曰久矣哉。由之行詐也。無臣而爲有臣。吾誰欺。欺天乎。且予與其死於臣之手也。無寧死於二三子之手乎。且予縱不得大葬。予死於道路乎。

包氏曰、疾甚曰病、鄭高密曰、孔子嘗爲大夫、故子路欲使弟子行其臣之禮、孔安國曰、少差曰間、言子路久有是心、非今日也、馬氏曰、無寧、寧也、二三子門人也、就使我有臣而死其手、我

寧死於弟子之手乎、就使我不得以君臣禮葬、有二三子在、我寧憂棄於道路乎、范氏曰、曾子死、起而易簀曰、吾得正而斃焉、斯已矣、子路欲尊夫子而不知無臣而不可以有臣、是以陷於行詐、罪至欺天、君子之於言動雖微不可不謹、夫子深懲子路、所以警學者也、

子貢曰。有美玉於斯。韞匵而藏諸。求善賈而沽諸。子曰。沽之哉。沽之哉。我待賈者也。

韞、音蘊、匵、音瀆、賈、音嫁、馬氏曰、韞藏也、匵、匱也、謂藏諸匱中、沽賣也、得善賈寧肯賣之邪、包氏曰、沽之哉、不衒賣辭、我居而待賈、范氏曰、若伊尹之耕於野、伯夷太公之居海濱、世無成

湯文王、則終焉而已、必不枉道以從人、衒玉而求售也、

子欲居九夷。或曰陋。如之何。子曰君子居之。何陋之有。

馬氏曰、東方之夷有九種、君子所居則化、

子曰。吾自衞反魯。然後樂正。雅頌各得其所。

鄭高密曰、反魯、哀公十一年冬、是時道衰樂廢、孔子歸來乃正之、故雅頌各得其所、

子曰。出則事公卿。入則事父兄。喪事不敢不勉。不爲

酒困何有於我哉。

困、倦、力乏也、此與第七篇默而識之、以至何有於我哉、同一意、卽所謂除此四者外、復何有於我哉、

按朱氏曰、說見第七篇、然此則其事愈卑而意愈切矣、此言尤爲無理可喩、不知將聖人、作何等人看耳、又馬氏曰、困、亂也、亦甚費力、如困可作亂解、則惟酒無量、不及亂、亂、亦可作困解、如此解法、亦未免太廣矣、

子在川上曰。逝者如斯夫。不舍晝夜。

夫、音扶、舍、上聲、包氏曰、逝、往也、言凡往也者、如川之流、邢疏曰、不以晝夜、而有舍止、程氏曰、此道體也、天運而不已、日往則月來、寒往則暑來、水流而不息、物生而不窮、皆與道爲體、運

乎晝夜、未嘗已也、是以君子法之、自强不息、及其至也、純亦不已焉、又曰、自漢以來、儒者皆不識此義、此見聖人之心、純亦不已也、

按道體者、陰陽消息也、程氏引自強不息、乃陽息之一面、而未及乎陰消之一面也、夫子歎逝者不舍晝夜、而獨歎其陰消者、正爲陽息而發、其旨微焉、且所謂及其至也、純亦不已焉、二語牽强湊合、語意之中、並無此義、未免贅矣、

子曰。吾未見好德如好色者也。

好、去聲、何氏曰、疾時人薄於德、而厚於色、故發此言、謝氏曰、好、好色、惡、惡臭、誠也、好德如好色、斯誠好德矣、然民鮮能之、

子曰。譬如爲山。未成一簣。止吾止也。譬如平地。雖覆

一簣進吾往也。

簣、音匱、土籠也、朱氏引書曰爲山九仞、功虧一簣、夫子之言、蓋出於此、此爲進止之喩、皆在我也、未成一簣、乃無終也、有始無終、乃人之大病、而況爲學乎、

子曰。語之而不惰者。其回也與。

語、去聲、與、平聲、惰、懈怠也、范氏曰、顏子聞夫子之言、如時雨之潤、發榮滋長、何有於惰、此羣弟子所不及也、

子謂顏淵曰。惜乎。吾見其進也。未見其止也。

此歎回之夭也、包氏曰、夫子謂顏淵、進益未止、痛惜之甚、

子曰。苗而不秀者。有矣夫。秀而不實者。有矣夫。

夫、音扶、朱氏曰穀之始生曰苗、吐華曰秀、成穀曰實、蓋學而不至於成、有如此、是以君子、貴自勉也、

按此歎學者、應有其成就也、夫苗未有不秀、秀未有不實者、倘苗而不秀、秀而不實者、乃自暴棄也、不然、如旱潦之害、猶回之夭、天奪其年也、

子曰。後生可畏。焉知來者之不如今也。四十五十而無聞焉。斯亦不足畏也已。

焉知之焉、音嫣、後生者、其來無窮、安知不如今我也、四十而始衰、五十而斑白、則已垂垂老矣、猶無令聞、可見其成就有限、何足畏也、尹氏曰、少而不勉、老而無聞、則亦已矣、自少而進

者、安知其不至於極乎、是可畏也、

子曰。法語之言。能無從乎。改之爲貴。巽與之言。能無說乎。繹之爲貴。說而不繹。從而不改。吾末如之何也已矣。

法語者、正言之也、巽言者、婉而導之也、繹、尋其緒也、法言人所敬憚、故必從、然不改、則面從而已、巽言無所乖忤、故必說、然不繹、則又不足以知其微意之所在、苟如此、雖聖人其如之何哉、

子曰。主忠信。毋友不如己者。過則勿憚改。

與學而篇重出逸其半耳、

子曰。三軍可奪帥也。匹夫不可奪志也。

侯氏曰、三軍之勇在人、匹夫之志在己、故帥可奪、而志不可奪、如可奪、則亦不足謂之志矣、

子曰。衣敝縕袍。與狐貉者立。而不恥者。其由也與。不忮不求。何用不臧。子路終身誦之。子曰。是道也。何足以臧。

衣、去聲、與、平聲、敝、壞也、邢疏曰、縕、舊絮也、枲牡麻也、此爲

衣之賤者、狐貉裘之貴者、與之並立而不恥者、惟由耳、馬氏曰忮、害也、求、貪也、臧、善也、此衞風雄雉之篇、夫子引以善子路、子路以爲夫子善已故常誦之、夫子恐其自伐其善、故抑之、復尚之以道、以激而進之也、

子曰。歲寒。然後知松柏之後彫也。

范氏曰、小人之在治世、或與君子無異、惟臨利害、遇事變、然後君子之所守可見也、

按後彫者、竟謂松柏乎、抑夫子自道者乎、松柏固有數千年而不彫者、今垂二千五百年、吾猶以夫子爲未彫也、不學詩、何以言、此夫子之言、乃夫子之詩也、與蘭生幽谷之中、不因無人而不芳、得並誦之、旨哉夫子之言、含意深遠焉、

子曰。知者不惑。仁者不憂。勇者不懼。

朱氏曰、明足以燭理故不惑、理足以勝私故不憂、氣足以配道義故不懼、此學之序也、

子曰。可與共學。未可與適道。可與適道。未可與立。可與立。未可與權。

何氏曰、適、之也、雖學或得異端、未必能之道、雖能之道、未必能所立、雖能有所立、未必能權量其輕重之極、楊氏曰、知爲己、則可與共學矣、學足以明善、然後可與適道、信道篤、然後可與立、知時措之宜、然後可與權、

按經權之異用、則謂經、常也、權、平也、平平常常者、人之加重語、

可見其不同也、故曰經、道之常也、權、衡其平也、而程氏獨謂漢儒、以反經合道爲權、故有權變、權術之論、皆非也、權只是經也、自漢以下無人識權字、倘依此說法、可與立、未可與權、權應作經解、殊爲難懂、且權可作經解、何不擧其根據與原理、然後破口罵自漢以下人、未爲晚也、且漢儒釋易繫辭之巽以行權句、有反經合道爲權之說、不佞未以爲非、如湯武之放伐、非反經合道爲權是何、故朱氏於程氏注下、亦附一語曰、然以孟子嫂溺援之以手之義推之、則權與經、亦當有辨、此言甚是、然引而不發者、蓋有所諱歟、

唐棣之華。偏其反而。豈不爾思。室是遠而。子曰。未之思也。夫何遠之有。

棣、音第、此逸詩也、朱氏曰、唐棣郁李也、偏、晉書作翩、然則反、亦當與翩同、言華之搖動也、此意却近是、偏與翩古通用、雖無晉書、亦可援例也、

按何晏曰、唐棣移也、華反而後合、賦此詩者、以言權、道反而後至於大順、此似說夢話、朱氏曰蓋此篇仁遠乎哉之意、亦夢夢耳、程氏曰聖人未嘗言易以驕人之志、亦未嘗言難、以阻人之進、猶在夢中溫夢、愚謂此懷人詩、室遠又何礙乎所思、此語病也、故夫子謂、未之思也、夫何遠之有、識者不以予、爲對癡人說夢否乎、

鄉黨第十

楊氏曰、聖人之所謂道者、不離乎日用之間也、故夫子之平日、一動一靜、門人皆審視而詳記之、尹氏曰甚矣孔門諸子之嗜學也、於聖人之容色言動、無不謹書以備錄之、以貽後世、今讀其書卽其事、宛然如聖人之在目也、雖然聖人豈拘拘而爲之者哉、蓋盛德之至、動容周旋、自中乎禮耳、學者欲潛心於聖人、宜於此求焉、舊說凡十一章、今分爲十一章、

孔子於鄉黨。恂恂如也。似不能言者。其在宗廟朝廷。便便言。唯謹爾。

恂、音荀、王氏曰、溫恭之貌、鄭高密曰便便辯也、雖辯而謹敬、竊

意便便猶安然、言其宜也、

朝與下大夫言侃侃如也與上大夫言誾誾如也君在踧踖如也與與如也

孔安國曰、侃侃和樂之貌、誾誾中正之貌、馬氏曰君在、視朝也、踧踖恭敬之貌、與與威儀中適之貌、張氏曰、與與不忘向君也、此言甚精、朱氏從說文之意曰侃侃剛直也、恐未能得孔子之心也、竊意侃侃猶暢所欲言也、誾誾猶怡然而正言、如對其長上也、

君召使擯色勃如也足躩如也揖所與立左右手衣前後襜如也趨進翼如也賓退必復命曰賓不顧矣

擯、音幷、躩、丘縛切、鄭高密曰、君召使擯者、有賓客使迎之、孔曰、色勃如也、必變色、包氏曰、足躩、盤辟而爲敬貌、鄭高密曰揖左人左其手、揖右人右其手、一俛一仰、衣前後襜如也、孔曰、趨進翼如、端好貌、鄭高密曰、復命白君賓已去矣、愚以爲揖左人、向其右手揖、右亦如之、襜、衣之前後襜與裾、整如也、送賓至不顧、然後復命、

入公門。鞠躬如也。如不容。立不中門。行不履閾。過位。色勃如也。足躩如也。其言似不足者。攝齋升堂。鞠躬如也。屛氣似不息者。出降一等。逞顏色。怡怡如也。沒

階趨。翼如也。復其位。踧踖如也。

孔曰、入公門如不容斂身也、闕門限也、過位、過君之空位、衣下齊、攝齊摳衣也、先屏氣、下階舒氣、故怡怡如也、復其位、來時所過位、

按陸氏曰、趨下本無進字、俗本有之、誤也、朱氏從之、復其位、朱曰趨走就位也、不知所就何位、正義曰、君門雖大、斂身如狹小不容受其身也、曲禮云兩手樞衣去齊尺、齊、音咨、鄭高密謂裳下緝也、

執圭。鞠躬如也。如不勝。上如揖。下如授。勃如戰色。足蹜蹜如有循。享禮有容色。私覿愉愉如也。

包氏曰、爲君使、聘問鄰國、執持君之圭、鞠躬者、敬愼之至、鄭

高密曰上如揖、授玉宜敬、下如授、不敢忘禮、戰、色敬也、足縮縮如有循、舉前曳踵行、享、獻也、聘禮既聘而享、用圭璧、有庭實、左傳謂聘而獻物、庭實旅百、旅百、言甚多也、私覿、以私禮見也、愉愉、則又和矣、晁氏曰孔子定公九年仕魯、至十三年適齊、其間絕無朝聘、往來之事、疑使擯執圭兩節、但孔子嘗言、其禮當如此爾、

君子不以紺緅飾。紅紫不以爲褻服。當暑袗絺綌。必表而出之。緇衣羔裘。素衣麑裘。黃衣狐裘。褻裘長。短右袂。必有寢衣。長一身有半。狐貉之厚以居。去喪無

所不佩。非帷裳。必殺之。羔裘玄冠。不以弔。吉月。必朝服而朝。

紺、音贛、緅、音鄒、朱氏曰君子謂孔子、紺、深青揚赤色、齊服也、緅、絳色、三年之喪以飾練服也、飾、領緣也、紅紫閒色、不正、且近婦人女子之服也、褻服、私居服也、言此則不以爲朝祭之服可知、孔安國曰、暑則單服、絺綌葛也、必表而出之、加上衣、緇、羔、素、麑、服皆中外相稱也、私家、褻長主溫、短右袂便作事、寢衣、長一身有半、今之被也、去、除也、非喪、則備佩、佩所宜佩、鄭高密曰狐貉之厚以居、在家接賓客也、王氏曰衣必有殺縫、唯帷裳無殺也、羔裘玄冠、孔曰喪主素、吉、主玄、吉凶異服、吉月、月朔也、朝服皮弁服、按此節、人或疑有異同之點、茲略擧之、朱氏曰、君子、孔子也、蘇氏曰、此孔氏遺書、雜記曲禮、非特孔子事也、此言近是、或謂短右袂、而兩不齊、疑右爲又之誤、如作短又袂、不成句矣、今人往往將右袂翻上去、又何不可、必有寢衣、長一身有半、安國謂今之被也、此言未可從、古人有被有衾、不可謂寢衣也、朱氏曰以一半覆足、亦不可通、如作一身之有其半解、則今人之寢衣之短猶然也、程氏謂此錯簡、當在齊必有明衣布下、以爲盡歸其類、然上之褻服褻裘、不可謂之非一類也、狐貉之厚以居、高密謂在家接賓客、亦未免自炫其豪也、不佞以爲居家閒靜、易覺多寒、故以厚而爲溫也、

齊。必有明衣布。齊必變食。居必遷坐。

齊、音齋、齊戒沐浴也、明衣布、明潔之衣及盥洗揚觶必用淨布也、

齊必變色者、敬於內、而形於外也、居必遷坐、雖平居、亦必遷易常處、於清淨之所也、

食不厭精膾不厭細食饐而餲魚餒而肉敗不食色惡不食臭惡不食失飪不食不時不食割不正不食不得其醬不食肉雖多不使勝食氣唯酒無量不及亂沽酒市脯不食不撤薑食不多食祭於公不宿肉祭肉不出三日出三日不食之矣食不語寢不言雖疏食菜羹瓜祭必齊如也

食、音嗣、飯也、精、純也、膾魚肉細切如縷者、如能精能細、皆不厭其善也、孔安國曰、饐餲臭味變、魚敗曰餒、失飪、失生熟之節、鄭高密曰、不時、非朝夕日中時、馬氏曰、魚膾非芥醬不食、孔曰、撤、去也、齊禁薰物、薑、辛而不臭、故不去、不過飽、周氏曰、助祭於君、所得牲體、歸則班賜、不留神惠、高密曰、自其家祭、肉過三日、不食、是褻鬼神之餘、孔曰、齊、嚴敬貌、三物雖薄、祭之必敬、

按朱注、讀音甚詳、惟欲求便、免用反切耳、饐音噎、餲、音遏、餒、努罪反、惡、量、並去聲、勝、如字、脯、音甫、撤、音轍、此章古注甚精、惟嫌簡耳、朱注較詳、而熹晚年自悔煩猥、或此類也、如不時不食、鄭高密謂、非朝夕日中時、古謂脾主信、應中時而食、不得已者方例外也、已甚精當、而熹偏謂、五穀不成、果實

未熟、那有此意、如不多食、孔安國謂、不過飽、已可矣、熹必謂適可而止、無貪心也、可見其少年好勝强欲立異之弊、其餘漢儒以爲不待贅、何晏亦未顧及、熹欲加注、愚亦以爲可、約略補之、色惡臭惡、嫌變壞、割如牽筋帶肋、順肌理而直切、食者厭之、乃失割之正法也、無醬則乏味、不使肉勝食氣、乃以食爲主、酒不及亂、歡敍得微醺可耳、沽酒市脯嫌不潔、薑能去腥穢辟殺菽毒、寢食不言語、恐於眠食有妨、

席不正不坐。鄉人飲酒。杖者出。斯出矣。鄉人儺。朝服而立於阼階。

邢疏之意、謂席不正、猶名不正也、名不正、則言不順、席不正

、則坐不安、故須辨方位與所向、得如禮之正者方坐、鄉黨尚齒、飲酒畢、杖者老人也、出、而隨出、未敢先行、儺、音奈、孔安國曰、驅逐疫鬼、恐驚先祖、故朝服而立於廟之阼階、阼階、東階也、

按朱氏將席不正句、另爲一章、未若古注安也、且席但求甚正、不分賓主與方位、雖席云正矣、於禮猶未得其正也、故仍其舊、

問人於他邦。再拜而送之。

孔安國曰、拜送使者、敬也、

康子饋藥。拜而受之。曰。丘未達。不敢嘗。

邢疏曰、魯卿季康子饋孔子藥、雖拜受、且告以未達、不敢嘗、直表其誠、亦禮也、

按季康子之問多矣、茲舉一二、以證饋藥之答、一如荅康子問政、曰政者正也、子帥以正、孰敢不正、又荅問盜曰、苟子之不欲、雖賞之不竊、荅如殺無道、以就有道、曰子欲善而民善矣、焉用殺之類、可見聖人之至誠、心口如一、如子、帥以正及苟子之不欲與子欲善、何其誨之其辭之嚴有如此、以視未達、不敢嘗之荅、其情致之眞率爲如何也、

廄焚。子退朝。曰傷人乎。不問馬。

鄭高密曰、重人賤畜、退朝、自君之朝來歸、釋者、有將不字連上讀、作傷人乎否、問馬其意亦不失於厚、可從也、

君賜食。必正席。先嘗之。君賜腥。必熟而薦之。君賜生。

必畜之。侍食於君。君祭先飯。疾。君視之。東首。加朝服。拖紳。君命召。不俟駕行矣。

孔安國曰、敬君惠、既嘗之、乃班賜、朱氏曰食恐餕餘、故不以薦、賜腥熟而薦其先祖、榮君賜也、鄭高密曰於君祭先飯矣、若爲君嘗食然、朱氏曰賜生必畜之、仁君之惠無故不敢殺也、包氏曰夫子疾、處南牖之下、東首加其朝服、拖紳、紳大帶、不敢不衣朝服見君、高密曰君召、急趨君命行、出而車駕隨之、

入太廟。每事問。 重出

朋友死。無所歸。曰於我殯。朋友之饋。雖車馬。非祭肉

不拜。

孔曰、重朋友之恩、無所歸、言無親昵、不拜者、有通財之義、

寢不尸。居不容。見齊衰者雖狎必變。見冕者與瞽者。雖褻必以貌。凶服者式之。式負版者。有盛饌。必變色而作。迅雷風烈必變。

寢不尸、尸、臥猶脡也似死人、朱氏曰居、居家、容、容儀、此謂居家不必正君子之容儀、猶申申夭夭如也、孔曰、狎謂素親狎、周氏曰、褻謂數相見、必當以貌禮之、朱曰、式、車前橫木、有所敬則俯而憑之、安國曰、凶服送死之衣物、負版者、持有邦

國之圖籍、作起也、敬主人之親饋、記曰、若有疾風迅雷甚雨必變、雖夜必興、衣服冠而坐、敬天之怒也、

按寢不尸、尸、包氏曰、偃臥、朱氏從之、偃說文、僵也仆也、惟尸原有偃仰之不同、似未甚刻切、說文釋尸曰、骨節解舒、不能復自勝斂也、殊爲透澈、乃從之、故曰寢不尸者、不可臥猶挺、似死人也、居不容、容唐石經作客解、殊不成話、不在論例、容說文盛也、居家何庸盛容儀也、玉藻有君子之容九、自手足以及聲氣、無不有容、然以禮儀之容、有對象而謂也、居家正謂無對象、故曰不容耳、又愚以爲偃臥不如用僵臥爲妥、然說文僵字却又謂偃也仆也、欠妥、僵說文从人从畺、畺說文謂、死不朽也、所以古人屢用、凍僵、走且僵、僵立僵蹶之類、未可作偃也仆也解、無已或作硬也挺也解之、則近是、

升車必正立執綏。車中不內顧。不疾言。不親指。

周氏曰、升車必正立執綏、所以爲安、朱氏曰內顧回視也、禮曰顧不過轂、三者皆失容、且惑人、

色斯舉矣。翔而後集。曰。山梁雌雉。時哉時哉。子路共之。三嗅而作。

馬氏曰、見顏色不善、則去之、周氏曰、廻翔審視、而後下止、何氏曰、山梁雌雉得其時、而人不得其時、故嘆、子路以其時物、故共具之、非本意不苟食故三嗅而作、作起也、

按共讀作恭、敬也、此章記事、甚爲緊湊、似無闕文、且古注亦甚明白近理、又何用多贅以惑人也、晁氏曰石經嗅作戞、謂雉鳴也、劉聘君

曰嗅當作狊、古闃反、張兩翅也、皆非通論、朱氏何用費辭焉、況雌雉不以鳴著、憂謂雉鳴、當是公雉、與此無涉、

先進第十一

凡二十五章、胡氏曰、此篇記閔子騫言行者、四、而其一、直稱閔子、疑閔氏門人所記也、

子曰。先進於禮樂。野人也。後進於禮樂。君子也。如用之。則吾從先進。

先進者、謂已往之古人也、後進者、謂現在之今人也、今人尚文、古人尚質、故有君子與野人之別、與其尚文不如尚質、此夫子激厲之言、非朱氏所謂損過就中也、如用之、則我從先進、此亦禮失求諸野之意已耳

子曰。從我於陳蔡者。皆不及門也。德行。顏淵。閔子騫。

冉伯牛。仲弓。言語。宰我。子貢。政事。冉有。季路。文學。子游。子夏。

從、行、並去聲、朱氏曰、孔子嘗戹於陳蔡之間、弟子多從之者、此時皆不在門故孔子思之、蓋不忘其相從於患難之中也、弟子因孔子之言、記此十人、而幷目其所長、分爲四科孔子敎人各因其材、於此可見、程氏曰四科、乃從夫子於陳蔡者爾、門人之賢者、固不止此、曾子傳道、而不與焉、故知十哲、世俗論也、

按鄭高密曰、弟子從我而戹於陳蔡者、皆不及仕進之門、而失其所、此言未得夫子之心、不可從也、朱注近理、程氏十哲之辨、亦甚是、

子曰。回也。非助我者也。於吾言無所不說。

說音悅、胡氏曰、夫子之於回、豈眞以助我望之、蓋聖人之謙德、又以深贊顏子云爾、

子曰。孝哉閔子騫。人不間於其父母昆弟之言。

間、去聲、閔子騫、於其父母昆弟之間、篤其孝友、人無得而間焉、故夫子亟稱之、以其有孝友之實也、

南容三復白圭。孔子以其兄之子妻之。

三、妻、並去聲、詩大雅抑之篇、曰、白圭之玷、尚可磨也、斯言之玷、不可爲也、南容一日三復斯言、可見其能愼乎言也、是以夫子許其賢、故謂邦有道不廢、邦無道免於刑戮、以其兄之子妻之、此亦弟子各記其所聞已耳、

季康子問弟子。孰爲好學。孔子對曰。有顏回者好學。不幸短命死矣。今也則亡。

范氏曰、哀公康子問同、而對有詳略者、臣之告君不可不盡、若康子者必待能問、乃告之、此敎誨之道也、

顏淵死。顏路請子之車。以爲之椁。子曰。才不才。亦各言其子也。鯉也死。有棺而無椁。吾不徒行以爲之椁。以吾從大夫之後。不可徒行也。

孔曰、路、淵父也、家貧、欲請孔子之車、賣以作椁、鯉孔子之

子伯魚也、孔子時爲大夫、言從大夫之後、謙辭也、朱氏曰、孔子時已致仕、胡氏曰、孔子遇舊館人之喪、嘗脫驂以賻之矣、今乃不許顏路之請、何耶、葬可以無椁、驂可脫而復求、大夫不可徒行、命車不可以與人而鬻諸市也、

按鯉死有棺而無椁、路應知之、不宜有此請、雖夫子視回猶子也、然不可薄於鯉、而獨厚於回也、況大夫不可徒行也、

顏淵死。子曰。噫。天喪予。天喪予。

喪、去聲、噫、傷痛聲、悼道無傳、若天喪己也、此朱注愈於漢儒也、

顏淵死。子哭之慟。從者曰。子慟矣。曰。有慟乎。非夫人之爲慟。而誰爲。

從、去聲、馬氏曰、慟、哀過也、孔安國曰、有慟乎、孔子不自知哀過、夫、音扶、爲去聲、朱氏曰夫人謂顏淵、言其死可惜、哭之宜慟、非他人之比也、

顏淵死。門人欲厚葬之。子曰。不可。門人厚葬之。子曰。回也。視予猶父也。予不得視猶子也。非我也。夫二三子也。

朱氏曰、喪具稱家之有無、貧而厚葬、不循理也、故夫子止之、終於厚葬、蓋顏路聽之、歎不如葬鯉之得宜、以責門人也、

按門人厚葬顏回之違禮、實非二三子之過已耳、顏路家長也、而獨聽之、春秋責備賢者、此夫子之不直責顏路、而責二三子者從其輕

也、明矣、然顏路亦夫子之門人、以其年長於諸生也、

季路問事鬼神。子曰。未能事人。焉能事鬼。曰。敢問死。曰。未知生。焉知死。

陳氏曰、鬼神及死事、難明、語之無益、故不荅、愚以爲非獨無益、爲學必從事人知生着手、可由近而後及乎遠、乃敎之序也、

閔子騫侍側。誾誾如也。子路行行如也。冉有子貢侃侃如也。子樂。若由也不得其死然。

行、音胻、樂、音洛、朱氏曰、行行剛强之貌、子樂、得英才而敎育之、

尹氏曰、子路剛强、有不得其死之理、故因以戒之、洪氏曰、漢書引此句上有曰字、或云上文樂字即曰字之誤、誾誾侃侃、見上鄉黨弟二章之解釋、

魯人爲長府。閔子騫曰。仍舊貫。如之何。何必改作。子曰。夫人不言。言必有中。

鄭高密曰、長府、藏名也、藏財貨曰府、仍、因也、貫、事也、因舊事則可也、何乃復更改作、夫、音扶、中、去聲、朱氏曰言不妄發、發必當理、惟有德者能之、

子曰。由之瑟。奚爲於丘之門。門人不敬子路。子曰。由

也升堂矣。未入於室也。

家語謂、子路之瑟、有北鄙殺伐之聲、馬氏曰未合雅頌、門人以夫子之言、遂不敬子路、夫子釋之、升堂矣、未入於室也、意則已非他人所能及也、

子貢問師與商也。孰賢。子曰。師也過。商也不及。曰。然則師愈與。子曰。過猶不及。

孔曰、言俱不得中、何氏曰、愈猶勝也、師子張名、商子夏名也、

季氏富於周公。而求也爲之聚斂。而附益之。子曰。非吾徒也。小子鳴鼓而攻之。可也。

孔曰、周公天子之宰卿士、冉求爲季氏宰、爲之急賦稅、鄭高密曰、小子門人也、鳴鼓聲其罪以責之、邢疏曰、求爲季氏聚斂、害於仁義、故夫子責之、曰、非我門徒也、

柴也愚。參也魯。師也辟。由也喭。

朱氏曰、柴弟子姓高、字子羔、愚者、知不足而厚有餘、家語記其足不履影、啓蟄不殺、方長不折、執親之喪、泣血三年、未嘗見齒、避難而行、不徑不竇、可以見其爲人矣、此引殊有必要、雖多不爲煩猥矣、孔曰、魯、鈍也、性遲鈍、馬氏曰、子張才過人、失在邪辟文過、喭音岸、失吊容、鄭高密曰、子路之行失於畔喭、朱氏曰、喭、謂粗俗也、不知有何所據、謂吊失容者、語常違禮耳、愚以爲

粗疏已耳、俗者未也、

子曰。回也其庶乎屢空。賜不受命。而貨殖焉。億則屢中。

范氏曰、屢空者、簞食瓢飲、屢絕而不改其樂也、朱氏謂其庶乎、言近道也、貧富在天、而子貢以貨殖爲心、則是不能安受天命矣、其言而多中者、億而已、非窮理樂天者也、

子張問善人之道。子曰。不踐迹。亦不入於室。

善人者、性善之人也、雖不循踐不善人轍迹、亦不能入於聖人之室也、

子曰。論篤是與。君子者乎。色莊者乎。

與、如字、論篤以言取人、色莊以貌取人、必也言色而合乎行者、方爲君子、

子路問聞斯行諸。子曰。有父兄在。如之何其聞斯行之。冉有問聞斯行諸。子曰。聞斯行之。公西華曰。由也問聞斯行諸。子曰。有父兄在。求也問聞斯行諸。子曰。聞斯行之。赤也惑。敢問。子曰。求也退。故進之。由也兼

人。故退之。

孔曰、惑其問而荅異、鄭高密曰、冉有性謙退、子路務在勝尙人、各因其人之失而正之也、張敬夫曰、聞義當勇爲、然有父兄在、則有不得而專者、若不稟命而行、則反傷於義矣、

按退未涉乎謙也、聞斯不決於果行、故進之、進非務在勝人、聞斯猶己任而勇爲、有父兄在、故退之、

子畏於匡。顏淵後。子曰。吾以女爲死矣。曰。子在。回何敢死。

女、音汝、孔安國曰、與夫子相失、故在後、回曰夫子在、回何堪與匡人作決死之鬭矣、竊以爲回能見危授命於此見矣、

季子然問仲由冉求。可謂大臣與。子曰。吾以子爲異之問。曾由與求之問。所謂大臣者。以道事君。不可則止。今由與求也。可謂具臣矣。曰。然則從之者與。子曰。弒父與君。亦不從也。

孔安國曰、子然季氏子弟、自多得臣二子、故問之、吾以子問異事耳、則此二人之問、安足大乎、備臣數而已、又問爲臣、皆當從君所欲邪、曰雖從其王、亦不與爲大逆、

按注經之注者、引也、引知其意之所嚮已耳、朱熹晚年、荅張敬夫書自悔其注釋、做了下梢、看得支離、至於本旨全不相照、以此方

知漢儒、可謂善說經者、不過只說訓詁、使人以此訓詁、玩索經文、訓詁經文不相離異、只做一道看了、眞是意味深長也、此眞於學有悟之言、余謂漢儒之長、正是在此　不可沒也、如安國此類之注釋、誠當之而無愧、

子路使子羔爲費宰。子曰。賊夫人之子。子路曰。有民人焉。有社稷焉。何必讀書。然後爲學。子曰。是故惡夫佞者。

包氏曰、子羔學未熟習、而使爲政、所以爲賊害、孔安國曰、言治民事神、於是而習之、亦學也、惡夫佞者、疾其口給、應遂己

非、而不知窮、

子路。曾皙。冉有。公西華。侍坐。子曰。以吾一日長乎爾。毋吾以也。居則曰。不吾知也。如或知爾。則何以哉。

孔安國曰、皙、曾參父、名點、言我問女、女無以我長故難對、女常居云、人不知己、如有用女者、則何以爲治、

子路率爾而對曰。千乘之國。攝乎大國之間。加之以師旅。因之以饑饉。由也。爲之。比及三年。可使有勇且知方也。夫子哂之。

何氏曰、率爾先三人對、包氏曰、攝、迫也、迫於大國之間、方、義方也、馬氏曰、哂、笑也、

求爾何如。對曰。方六七十。如五六十。求也爲之。比及三年。可使足民。如其禮樂。以俟君子。赤爾何如。對曰。非曰能之。願學焉。宗廟之事。如會同。端章甫。願爲小相焉。

何氏曰、求性謙退、言欲得方六七十如五六十里小國治之而已、孔曰、求自云能足民而已、謂衣食足也、若禮樂之化、當以待君子、謙

也、鄭高密曰、赤非自言能、願學爲之、宗廟之事、謂祭祀也、諸侯時見、曰會、衆頫曰同、端、玄端也、衣玄端、冠、章甫、諸侯視朝之服、小相、謂相君之禮、

點爾何如鼓瑟希鏗爾舍瑟而作對曰異乎三子者之撰子曰何傷乎亦各言其志也曰莫春者春服既成冠者五六人童子六七人浴乎沂風乎舞雩詠而歸夫子喟然歎曰吾與點也

孔安國曰、思所以對、故音希、置瑟起對、撰、具也、爲政之具

、鏗者、投瑟之聲、各言己志於義無傷、包氏曰、季春三月也、春服既成、衣單給之時、我欲得冠者五六人、童子六七人、浴乎沂水之上、風乎舞雩之下、歌詠先王之道、而歸夫子之門、周氏曰、善、點獨知時、

三子者出。曾皙後。曾皙曰。夫三子者之言何如。子曰。亦各言其志也已矣。曰。夫子何哂由也。曰。爲國以禮。其言不讓。是故哂之。唯求則非邦也與。安見方六七十。如五六十。而非邦也者。唯赤則非邦也與。宗廟會

同。非諸侯而何。赤也爲之小。孰能爲之大。

哂之、包氏曰、爲國以禮、禮、貴讓、子路言不讓、故笑之、孔安國曰、明皆諸侯之事、與子路同、徒笑子路不讓、赤謙其辭、言小相耳、謂孰能爲大相、

按謂、撰、具也、似稍隔、朱氏從之、未若直謂撰述也、爲近、程氏曰、點狂者之言、以其能測知夫子之志、特行有不掩焉耳、此言近是、不佞以爲其所荅、非夫子之所問、雖云亦各言其志可以異乎三子之撰、豈可以出乎夫子命意之所在乎、然而夫子却欣然與而許之者、正忘其言之能類吾也、

顏淵第十二 凡二十四章

顏淵問仁。子曰。克己復禮爲仁。一日克己復禮。天下歸仁焉。爲仁由己。而由人乎哉。顏淵曰。請問其目。子曰。非禮勿視。非禮勿聽。非禮勿言。非禮勿動。顏淵曰。回雖不敏。請事斯語矣。

馬氏曰、克己、約身、孔安國曰、復、反也、身能反禮則爲仁矣、馬氏曰、一日猶能見歸、況終身乎、孔曰、行善在己不在人也、包氏

曰、知其必有條目、故請問之、鄭高密曰、非禮四者、克己復禮之目、王氏曰、敬事此語、必行之、

按程氏於此四目、謂由乎中而應乎外、制乎外所以養其中也、其言殊爲切當、倘能由中應外者、恐已足與顏子齊驅、幾乎聖矣、不佞淺學、何敢語此、期以制外養中者、予曾從其易而着手、即由手容恭、足容重、習焉有年、已甚以爲難、若論非禮勿言、及視聽、安得閉其聰、掩其明、而塞其兌、尤爲匪易、惟此四句、學者苟不以予言爲謬、請試從手足恭重爲基層、或較爲易耳、

仲弓問仁。子曰。出門如見大賓。使民如承大祭。己所不欲。勿施於人。在邦無怨。在家無怨。仲弓曰。雍雖不

敏請事斯語矣。

朱氏曰、敬以持己、恕以及物、則私意無所容、而心德全矣、內外無怨、亦以其效言之、使以自考也、

司馬牛問仁。子曰。仁者其言也訒。曰。其言也訒。斯謂之仁已乎。子曰。爲之難。言之得無訒乎。

孔安國曰、牛、宋人、弟子、司馬犂、牛以仁道、訒似乎不足、故夫子申之曰、爲之難、正以牛之出言輕躁、得以鍼其病也、

司馬牛問君子。子曰。君子不憂不懼。曰。不憂不懼。斯謂之君子已乎。子曰。內省不疚。夫何憂何懼。

孔安國曰、牛兄桓魋將爲亂、牛自宋來學、常憂懼、故孔子解之、包氏曰、疚病也、自省無罪惡、無可憂懼、

司馬牛憂曰。人皆有兄弟。我獨亡。子夏曰。商聞之矣。死生有命。富貴在天。君子敬而無失。與人恭而有禮。四海之內。皆兄弟也。

朱注本較漢注本結句多九字曰（君子何患乎無兄弟也）、鄭高密曰、牛兄桓魋行惡、死亡無日、我爲無兄弟、包氏曰、君子疏惡、而友賢、九州之人、皆可以禮親、胡氏曰、子夏四海皆兄弟之言、特以廣司馬牛之意、意圓而語滯、唯聖人則無此病矣、

子張問明。子曰。浸潤之譖。膚受之愬。不行焉。可謂明

也已矣。浸潤之譖。膚受之愬。不行焉。可謂遠也已矣。

譖音鑽、愬音訴、鄭高密曰、譖人之言、如水之浸潤、漸以成之、馬氏曰、膚受之愬、外語非其內實、無此二者、非但爲明、其德行高遠、人莫能及、楊氏曰、浸潤之譖、膚受之愬、不行、然後謂之明、而又謂之遠、則明之至也、意者不獨謂之明、又能及乎遠也、故浸潤之譖、膚受之切、不行焉、

子貢問政。子曰。足食。足兵。民信之矣。子貢曰。必不得已而去。於斯三者何先。曰。去兵。子貢曰。必不得已而去。於斯二者何先。曰。去食。自古皆有死。民無信不立。

孔安國曰、死者、古今常道、人皆有之、治邦不可失信、程氏曰、孔門弟子善問、直窮到底、如此章非子貢不能問、非聖人不能答也、按信、何以能愈於求生、夫冒萬死者、不一定死、求生策萬全者、不一定能活、且死爲人生所不免、早晚已耳、信如不守者、其心立起反感、其苦恐有愈於死者、倘守信如抱柱死者、於心却已安矣、故夫子論治之要、使民赴死而無怨者、各安其所信已耳、此亦足爲萬古不易之定理也、

棘子成曰。君子質而已矣。何以文爲。子貢曰。惜乎。夫子之說君子也。駟不及舌。文猶質也。質猶文也。虎豹之鞟。猶犬羊之鞟。

鄭高密曰、舊說云荆子成衞大夫、惜乎夫子之說君子也、過言一出、駟馬追之不及、孔安國曰、皮去毛曰鞟、虎豹與犬羊別、正以毛文異耳、今使文質同者、何以別虎豹與犬羊邪、

按子貢謂文猶質也、質猶文也、言之過躁耳、急欲攻人之短爲快、聖人恐不如是、若謂無文安足以知其質、虎豹之鞟、猶犬羊之鞟、若是則語氣較平耳、

哀公問於有若曰、年饑、用不足、如之何、有若對曰、盍徹乎、曰、二吾猶不足、如之何其徹也、對曰、百姓足、君孰與不足、百姓不足、君孰與足、

鄭高密曰、盍、何不也、周法、什一而稅、謂之徹、徹、通也、爲天下之通法也、孔安國曰、二、謂什二而稅、孰、誰也、
按有若明知魯自宣公後、稅十取其二、尙不足用、又何必對之曰盍徹乎、此諺所謂硬其頭皮、說老話、惡可行哉、明知其不行、何必說、夫子聖之時者也、必不如是、倘謂有若似聖人、恐亦僅有君子之質耳、可與立、未可與權、可與有若發也

子張問崇德辨惑。子曰。主忠信。徙義。崇德也。愛之欲其生。惡之欲其死。旣欲其生。又欲其死。是惑也。

誠不以富。亦衹以異。

孔安國曰、辨別也、包氏曰徙義、見義則徙而從之、愛惡當有常、一欲生之、一欲死之、是心惑也、程氏曰、誠不以富二句引詩小雅、錯簡當在十六篇齊景公、楊氏曰、堂堂乎、張也、難與並爲仁矣、有馬千駟之上、此二語與上文誠不相關合也、則非誠善補過、不蔽於私者、故告之如此、

景公問政於孔子。孔子對曰。君君臣臣。父父子子。公曰。善哉。信如君不君。臣不臣。父不父。子不子。雖有粟。吾得而食諸。

孔安國曰、當此之時、陳桓制齊、君不君、臣不臣、父不父、子不子、故

以對、言將危也、陳氏果滅齊、楊氏曰、景公知善夫子之言、而不知反求其所以然、蓋悅而不繹者、齊之所以卒於亂也、

子曰。片言可以折獄者。其由也與。子路無宿諾。

孔安國曰、片、猶偏也、聽訟必須兩辭以定是非、偏信一言以折獄者唯子路可、尹氏曰、小邾射以句繹奔魯、曰、使季路要我、吾無盟矣、千乘之國、不信其盟、而信子路之一言、其見信於人可知矣、一言而折獄者、信在言前、人自信之、故也、不留諾、所以全其信也、若細翫子路無宿諾句、則片言應作一片言解爲近、片言者、猶一言也、

子曰。聽訟。吾猶人也。必也使無訟乎。

聽訟與人同、必使其無訟、非仁者無此願、非明哲何敢言、按聽訟、而可使無訟、則天下之民、擧能安居、夫子曾謂、修己以安百姓、堯舜其猶病諸、擧此一端、夫子引以爲自任、可見夫子、誠有賢於堯舜之實矣、

子張問政。子曰。居之無倦。行之以忠。

王氏曰、爲政之道、居之於身、無得解倦、行之於民、必以忠信、程氏曰、子張少仁、無誠心愛民、則必倦而不盡心、故告之以此、

子曰。博學於文。約之以禮。亦可以弗畔矣夫。

重出、鄭高密曰、弗畔不違道、

子曰。君子成人之美。不成人之惡。小人反是。

正義曰、君子嘉善而矜不能、小人嫉賢樂禍、故曰反是、

季康子問政於孔子。孔子對曰。政者正也。子帥以正。孰敢不正。

鄭高密曰、康子魯上卿、諸臣之帥也、胡氏曰、孔子欲康子以正自克、而改三家之故、惜乎康子之溺於利欲、而不能也、

季康子患盜。問於孔子。孔子對曰。苟子之不欲。雖賞之不竊。

胡氏曰、季氏竊柄、康子奪嫡、民之爲盜、固其所也、盍亦反其

本耶、孔子以不欲啓之、其旨深矣、奪嫡事見春秋傳、

季康子問政於孔子曰。如殺無道。以就有道。何如。孔子對曰。子爲政。焉用殺。子欲善而民善矣。君子之德風。小人之德草。草上之風必偃。

孔曰、就、成也欲多殺以止姦、又曰、亦欲令康子先自正、偃仆也、加草以風、無不仆者、猶民之化於上、

尹氏曰、殺之爲言、豈爲人上之語哉、以身教者從、以言教者訟、而況於殺乎、

子張問士何如斯可謂之達矣。子曰。何哉爾所謂達

者。子張對曰。在邦必聞。在家必聞。子曰。是聞也。非達也。夫達也者。質直而好義。察言而觀色。慮以下人。在邦必達。在家必達。夫聞也者。色取仁而行違。居之不疑。在邦必聞。在家必聞。

夫、音扶、好、下、行、並去聲、子張問達、詰之是欲求聞、故夫子教之以達曰、質直好義、爲主體、察言觀色、以達用、且須慮以下人、無驕矜心、則在邦家必達、若但求聞、色仁行違、須能聞僞也、樊遲從遊於舞雩之下。曰。敢問崇德。修慝。辨惑。子曰。善哉問。先事後得。非崇德與。攻其惡。無攻人之惡。非修慝與。一朝之忿。忘其身。以及其親。非惑與。

包氏曰、舞雩之處有壇墠樹木、故下可遊焉、胡氏曰、慝音忒、從匿從心、蓋惡之匿於心者、脩者、治而去之、朱氏曰、一朝之忿爲甚微、而禍及其親爲甚大、則有以辨惑而不懲其忿矣、不佞以爲能脩慝辨惑便是、崇德之實也、

樊遲問仁。子曰。愛人。問知。子曰。知人。樊遲未解。子曰。

舉直錯諸枉。能使枉者直。樊遲退。見子夏曰。鄉也吾見夫子。而問知。子曰。舉直錯諸枉。能使枉者直。何謂也。子夏曰。富哉言乎。舜有天下。選於衆。舉皐陶。不仁者遠矣。湯有天下。選於衆。舉伊尹。不仁者遠矣

知人則哲、遲、未解、擧直錯枉則枉者直、遲又未解、子夏乃擧舜與湯之擧皐陶伊尹則不仁者遠、亦未知遲能了解與否

子貢問友。子曰。忠告而善道之。不可則止。毋自辱焉。

忠告已盡心、善道之、已盡義、不可不再言、辱吾言與義也、

曾子曰。君子以文會友。以友輔仁。

孔曰、友以文德合、友相切磋之道、所以輔成己之仁、

子路第十三

凡三十章

子路問政。子曰。先之勞之。請益。曰。無倦。

蘇氏曰、凡民之行、以身先之、則不令而行、凡民之事、以身勞之、雖勤不怨、吳氏曰、勇者喜於有爲、而不能持久、故以此告之、

仲弓爲季氏宰。問政。子曰。先有司。赦小過。舉賢才。曰。焉知賢才而舉之。曰。舉爾所知。爾所不知。人其舍諸。

先衆有司、以身先之、小過宜赦、賢才當舉、舉女所知者、女所不知、人其舉之焉、

子路曰。衛君待子而爲政。子將奚先。子曰。必也正名乎。子路曰。有是哉。子之迂也。奚其正。子曰。野哉由也。君子於其所不知。蓋闕如也。名不正。則言不順。言不順。則事不成。事不成。則禮樂不興。禮樂不興。則刑罰不中。刑罰不中。則民無所措手足。故君子名之必可言也。言之必可行也。君子於其言。無所苟而已矣。

衞君謂出公輒、朱氏曰、是時出公不父其父、而禰其祖、名實紊矣、故孔子以正名爲先、楊氏曰、名不當其實、則言不順、言不順、則無以考實、而事不成、孔曰、禮以安上、樂以移風、二者不行、則淫刑濫罰、王氏曰、所名之事、必可得而明言、所行之事、必可得而遵行、

按此章、應與述而篇之冉有曰、夫子爲衞君乎、子貢曰、諾、入而問之、出曰、夫子不爲也、並看、便可知其語氣、然子路極盼夫子出、爲衞君、而不知夫子不爲也、子路之死機亦於以伏焉、故此問答猶若、枘鑿不相入、所以夫子必也先之以正名、子路以子之迂、奚其正、此誠子路之鄙野、惜哉、未之審問其奚正也、然而子路激夫子之怒、而得聞正名之要義、已足貴矣、苟欲夫子爲之、故曰、君子名之必可言也、言之必可行也、不苟而已矣、可見夫子之言行與心

跡、一而已矣、行藏之與道亦一而已矣、倘子路能會此意、不致罹其難而遭醢矣、然而子路、若稍更事、願聞正名之道、而夫子言之、必大有可觀、豈不惜哉、或有問曰、夫子究奚其正、曰孔安國所謂、禮以安上、樂以移風、朱熹謂、出公不父其父、而禰其祖、名實紊矣、二氏此言、正引而不發、意者若待夫子爲政、夫子仁人也、正其名者、在治其國、當以務民爲先、開宗明義、先迎其父請政由父決、令由父出、國既能治、則出公、坐享其成、又有他哉、不然或可以繼堯舜之緒、父攝之、子行之、則三代至治之道復行、而夫子一擧、安上移風、則兼得之、於夫豈不美而善哉、

樊遲請學稼。子曰。吾不如老農。請學爲圃。曰。吾不如老圃。樊遲出。子曰。小人哉。樊須也。上好禮。則民莫敢

不敬。上好義。則民莫敢不服。上好信。則民莫敢不用情。夫如是。則四方之民。襁負其子而至矣。焉用稼。

馬氏曰、樹五穀曰稼、樹菜蔬曰圃、孔安國曰、情實也、言民化於上、各以實應、包氏曰、禮義與信、足以成德、何用學稼、以敎民乎、負者以器曰襁、襁者織縷爲之、以約小兒於背、

按楊氏之擬曰、樊遲遊於聖人之門、而問稼圃、志則陋矣、辭而闢之可也、待其出而後言其非、何也、蓋於其問也、自謂農圃之不如、則拒之者至矣、此言甚是、正孟子所謂不屑敎誨者、是亦敎誨之焉、待其出、而言其非者、有以明其義、以諭諸弟子也、

子曰。誦詩三百。授之以政。不達。使於四方。不能專對。雖多亦奚以爲。

使、去聲、何氏曰、專猶獨也、夫子嘗謂、不學詩、何以言、是歎誦詩三百、終歸無用、非詩與學之罪、乃學之者未領其意趣已耳、

子曰。其身正。不令而行。其身不正。雖令不從。

何氏曰、令、教令也、此即政者正也、子帥以正孰敢不正之義也、下文有苟正其身矣、於從政何有、不能正其身、如正人何、亦猶正本清源之要、故夫子屢言之、

子曰。魯衛之政。兄弟也。

朱氏曰、魯周公之後、衞康叔之後、本兄弟之國、而是時衰亂、政亦相似、故孔子歎之、此註較包氏達意、

子謂衞公子荊。善居室。始有。曰苟合矣。少有。曰苟完矣。富有。曰苟美矣。

王氏曰、荊與蘧瑗、史鰌、並爲君子、朱氏曰、公子荊衞大夫、苟、聊且粗略之意、合、聚也、完、備也、言其循序而有節、不以欲速、盡美累其心、

子適衞。冉有僕。子曰。庶矣哉。冉有曰。既庶矣。又何加焉。曰。富之。曰。既富矣。又何加焉。曰。教之。

孔安國曰、孔子之衞、冉有御、庶、衆也、言衞人衆矣、朱氏曰、富而不教則近於禽獸、故必立學校明禮義以教之、

子曰。苟有用我者。朞月而已可也。三年有成。

孔安國曰、言誠有用我於政事者、朞月而可以行其政教、必三年乃有成、朞月謂周一歲之月也、尹氏曰、孔子歎當時莫能用己也、故云然、愚按史記、此蓋爲衞靈公不能用而發、

按朞月已可也、必謂如得如衞之富庶者、而教之以禮義、故周歲已可使用也、三年有成、必合政教也、所謂有文事必有武備、孔子嘗謂以不教民戰是謂棄之、又謂善人教民七年、亦可以卽戎矣、受聖人三年之教不獨能卽戎、則不致有敗矣、苟有用我者、非獨爲衞靈公之不用而發、明矣、

子曰。善人爲邦百年。亦可以勝殘去殺矣。誠哉是言也。

勝、平聲、去、上聲、謂善人爲邦、久之民亦從化、可以免於殘殺、況仁者之與聖人爲政乎、孔安國曰、古有此言、孔子信之、

子曰。如有王者。必世而後仁。

孔曰、三十年曰世、如有受命王者、必三十年仁乃成、或謂三年必世、遲速不同何也、程氏曰、三年有成、法度紀綱有成、而化行也、漸民以仁、摩民以義、使之浹於肌膚、淪於骨髓、而禮樂可興、所謂仁也、此非積久、何以能致也、故曰必世而後仁、按孔安國謂、朞月而可以行其政敎、雖詡聖人、似亦言之過易也、

程頤謂三年有成、乃法度紀綱有成、何其言之迂也、如有王者、必世而後仁、言行仁政者、期三十年而見其效、已爲速矣、究與三年有成、原屬兩事、安可混爲一談、

子曰苟正其身矣於從政乎何有不能正其身如正人何

正身與從政、一間耳、不能正身、非獨不能正人且有害於從政矣、

冉子退朝子曰何晏也對曰有政子曰其事也如有政雖不吾以吾其與聞之

朱氏曰、冉有時爲季氏宰、朝、季氏之私朝也、晏晚也、政、國政、事、家事、以、用也、馬氏曰、如有政之事、我爲大夫、雖不見任用、必當與聞之、此譏季氏、誨冉有也、

定公問。一言而可以興邦。有諸。孔子對曰。言不可以若是其幾也。人之言曰。爲君難。爲臣不易。如知爲君之難也。不幾乎一言而興邦乎。曰。一言而喪邦。有諸。孔子對曰。言不可以若是其幾也。人之言曰。予無樂乎爲君。唯其言而莫予違也。如其善。而莫之違也。不

亦善乎。如其不善。而莫之違也。不幾乎。一言而喪邦乎。

幾庶、幾也、若謂一言而可以興邦、與喪邦者、必也利之與弊、其有顯著、而能使君得以感乎中、而應乎外、能如所言者其不幾乎可以興邦乎、其不幾乎可以喪邦乎、

按王氏曰、幾近也、有近一言可以興國、朱氏曰、幾、期也、言、一言之間、未可如此必期有效、兩者俱甚費力、孔子快人、辭主乎達、必不是也、吾故曰、幾、庶幾也、未曾顯著其義理耳、是以申之以兩說、而義之與理俱著、可以知之矣、且上文兩擧、言不可若是其幾也、下文亦疊以反筆不幾乎、不幾乎、乃爲有情之呼應、亦可以見之矣、

葉公問政。子曰。近者說。遠者來。

葉公已見第七篇、說音悅、近、被其澤而悅、遠、聞其風而來、

子夏爲莒父宰。問政。子曰。無欲速。無見小利。欲速則不達。見小利則大事不成。

鄭高密曰、舊說云莒父魯下邑、孔曰、事不可速成、而欲速則不達矣、小利妨大、則大事不成、程氏曰、子張問政、子曰、居之無倦、行之以忠、子夏問政、子曰、無欲速、無見小利、子張常過高而未仁、子夏之病常在近小、故各以切己之事告之、

葉公語孔子曰。吾黨有直躬者。其父攘羊。而子證之。

孔子曰。吾黨之直者。異於是。父爲子隱。子爲父隱。直

在其中矣。

語、爲、並去聲、孔曰、直躬、直身而行、周氏曰、有因而盜曰攘、正義曰、子苟有過、父爲隱之、則慈也、父苟有過、子爲隱之、則孝也、孝慈則忠、忠則直也、故曰、直在其中矣、江熙曰、葉公見聖人之訓、動有隱諱、故擧直躬者、欲以此言、毀訾儒敎、抗衡中國、夫子答之、辭正而義切、荆蠻之豪、喪其誇矣、

按父爲子隱、子爲父隱、乃知有恥、本其良心而行、雖云揜其曲、而直在其中、父攘羊、子證之、欲盜虛名、昧其良心而行、小人謂直躬、君子謂枉己、聖人之義理、如源泉混混、於腔子裏湧出、雖葉公之鄙野、也頓開其茅塞焉、

樊遲問仁。子曰。居處恭。執事敬。與人忠。雖之夷狄。不

可棄也。

包氏曰、雖之夷狄無禮義之處、猶不可棄而不行、朱氏曰、恭主容、敬主事、恭見於外、敬主乎中、之夷狄、不可棄、勉其固守而勿失也、程氏曰、此是徹上徹下語、聖人初無二語也、充之則睟面盎背、推而達之、則篤恭而天下平矣、

子貢問曰。何如斯可謂之士矣。子曰。行己有恥。使於四方。不辱君命。可謂士矣。曰。敢問其次。曰。宗族稱孝焉。鄉黨稱弟焉。曰。敢問其次。曰。言必信。行必果。硜硜然小人哉。抑亦可以爲次矣。曰。今之從政者何如。子曰。噫。斗筲之才。何足算也。

孔安國曰、有恥者、有所不爲、朱氏曰、子貢能言、故以使事告之、蓋爲之難、不獨貴於能言而已、鄭高密曰、行必果、所欲行必果敢爲之、硜硜者、小人之貌也、抑亦其次、言可以爲次、程氏曰、子貢之意、欲爲皎皎之行、聞於人者、夫子告之、皆篤實自得之事、正義曰噫、心不平之聲、斗、量名、容十升、筲、竹器、容斗二升、算、數也、斗筲小器之人、何足數也、

子曰。不得中行而與之。必也狂狷乎。狂者進取。狷者有所不爲也。

按以三千之中、除顏曾外、豈無有恒得中行者、必也思狂狷而與之、以其可以進取與有所不爲、之有可取者、三復斯言、矧知才難、殊可傷也、

子曰。南人有言曰。人而無恆。不可以作巫醫。善夫。不恆其德。或承之羞。子曰。不占而已矣。

孔安國曰、南人、南國之人、包氏曰、善南人之言、夫、音扶、不恒其德、易恒卦之辭、言德無常、則羞辱承之、鄭高密曰、易所以占吉凶、無恒之人、易所不占、蓋占者有感斯應、不恒其德、則喪其誠、復有何兆可問、故謂不占也、

子曰。君子和而不同。小人同而不和。

朱氏曰、和者無乖戾之心、同者有阿比之意、尹氏曰、君子尚義、故有不同、小人尚利、安得而和、

子貢問曰。鄉人皆好之。何如。子曰。未可也。鄉人皆惡

之。何如。子曰。未可也。不如鄉人之善者好之。其不善者惡之。

好、惡、並去聲、孔曰、善人善己、惡人惡己、是善善明、惡惡著、

子曰。君子易事而難說也。說之不以道。不說也。及其使人也。器之。小人難事而易說也。說之雖不以道說也。及其使人也。求備焉。

易、去聲、不說也、與說也、並音悅、器之、孔安國曰、度才而官之、正義曰、若人說己不以道而妄說、小人不尚義、故反是、

子曰。君子泰而不驕。小人驕而不泰。

朱氏曰、君子循理故安舒、而不矜肆、小人逞欲故反是、

子曰。剛毅木訥近仁。

王氏曰、剛無欲、毅果敢、木質樸、訥遲鈍、有斯四者、近於仁、楊氏曰、剛毅則不屈於物欲、木訥則不至於外馳、故近仁、

子路問曰。何如斯可謂之士矣。子曰。切切偲偲怡怡如也。可謂士矣。朋友切切偲偲。兄弟怡怡。

胡氏曰、切切懇到也、偲偲詳勉也、怡怡和悅也、皆子路所不足、故告之、又恐其混於所施、則兄弟有賊恩之禍、朋友有善柔之

損、故又別而言之、

按胡氏此註、語重心長、意殊可取、惟怡怡如也、猶如兄弟之怡怡也、與兄弟怡怡則不同、應有以分釋之、愚意切切偲偲、怡怡如也、乃形容士之常態、宜懇至、而兼有和悅之貌者、結又分別、析而言之、是兩事、倘只是說朋友與兄弟恐其混於所施、則上文八字可省、

子曰。善人教民七年。亦可以卽戎矣。

朱氏曰、敎民者、敎之以孝弟忠信之行、務農講武之法、卽、就也、戎、兵也、民知親其上、死其長、故可以卽戎、七年之期、孔子度善人敎民、其時可矣、

子曰。以不教民戰。是謂棄之。

朱氏曰、以用也、言用不敎之民以戰、必有敗亡之禍、是棄其民也、

憲問第十四

胡氏曰此篇疑原憲所記凡四十七章

憲問恥。子曰。邦有道穀。邦無道穀。恥也。

朱氏曰、憲原思名、穀祿也、邦有道、不能有爲、邦無道、不能獨善、而但知食祿、皆可恥也、

按此章朱注是也孔安國曰邦有道當食祿、君無道、在其朝食祿、是恥辱、此常人皆可知也、非夫子答憲問之意、朱謂憲之狷介、邦無道穀之恥、不待言也、至於邦有道穀之恥、乃廣其志而勉之、甚爲當理、故從之、

克伐怨欲不行焉。可以爲仁矣。子曰。可以爲難矣。仁則吾不知也。

此亦憲問也、馬氏曰、克、好勝人、伐、自伐其功、怨、忌小怨、欲、貪欲也、包氏曰、四者行之難、未足以爲仁、

按程氏曰、惜乎憲之不能再問也、或曰、四者不行、固不得爲仁矣、然亦豈非所謂克己之事、求仁之方乎、倘使憲果進作此問、然而進以求仁、以至於克己、夫子未嘗不許也、雖然克己求仁、猶水流花放、行所無事、克伐怨欲不行、僅猶築一堤壩耳、程氏所欲聞、其距離在是乎、

子曰。士而懷居。不足以爲士矣。

何氏曰、士當志道不求安、而懷其居非士也、

子曰。邦有道。危言危行。邦無道。危行言孫。

包氏曰、危、厲也、邦有道、可以厲言行、孫、順也、厲行不隨俗、順言以遠害、

子曰。有德者必有言。有言者。不必有德。仁者。必有勇。勇者。不必有仁。

德者誠之本也、誠者有物、乃有言、有言者或千慮之一得、未必有德也、仁者見義必勇爲、勇者血氣之剛、與仁尙有一間耳、

南宮适。問於孔子曰。羿善射。奡盪舟。俱不得其死然。禹稷躬稼。而有天下。夫子不答。南宮适出。子曰。君子

哉若人。尚德哉若人。

适、音括、南宮适卽南容也、羿、音詣、奡、音介、孔安國曰、羿有窮國之君、簒夏后相之位、其臣寒浞殺之、因其室而生奡、奡多力、能陸地行舟、爲夏后少康所殺、二子者不得以壽終、馬氏曰、禹、盡力於溝洫、稷、播百穀、故曰躬稼、禹及身、稷及後世皆王、适意欲以禹稷比孔子、孔子謙、故不答也、孔曰尚德哉、賤不義、而貴有德、故曰君子、

子曰。君子而不仁者。有矣夫。未有小人而仁者也。

夫、音扶、孔曰雖曰君子、猶未能備、此言君子而不仁者、或則有之、未有小人而能仁也、

子曰。愛之能勿勞乎。忠焉能勿誨乎。

蘇氏曰、愛而勿勞、禽犢之愛也、忠而勿誨、婦寺之忠也、愛、而知勞之、則其爲愛也深矣、忠、而知誨之、則其爲忠也、大矣、

子曰。爲命。裨諶草創之。世叔討論之行人子羽修飾之。東里子產潤色之。

孔曰、裨諶鄭大夫氏名也、於謀則獲、於國則否、鄭國將有諸侯之辭、則使乘車以適野、而謀作盟會之辭、馬氏曰、世叔鄭大夫游吉也、討、治也、裨諶既造謀、世叔復治而論之、詳而審之、行人、掌使之官、子羽公孫揮、子產居東里因以爲號、更此四賢而成、故鮮有敗事、

或問子產。子曰惠人也。問子西。曰彼哉彼哉。問管仲。

曰。人也。奪伯氏駢邑三百。飯疏食。沒齒無怨言。

孔安國曰、惠、愛也、子產古之遺愛、馬氏曰子西鄭大夫、彼哉彼哉言無足稱、或曰楚令尹子西、孔曰伯氏齊大夫、駢邑地名、齒年也、伯氏食邑三百家、管仲奪之、使至疏食、而沒齒、無怨言、以其當理也、

子曰。貧而無怨難。富而無驕易。

江熙曰、顏淵無怨、不可及也、子貢不驕、猶可能也、

子曰。孟公綽爲趙魏老則優。不可以爲滕薛大夫。

公綽魯大夫、趙魏晉卿之家、老、家臣之長、大家勢重、而無諸侯之事、家老望尊、而無官守之責、優有餘也、滕薛二國名、大夫

任國政者、滕薛國小政繁、大夫位高責重、然則公綽蓋廉靜寡欲而短於才者也、朱氏此注、雖從孔安國之說、然較暢達、惜往往涉及理論過多、欠謹嚴耳、楊氏曰、知之弗豫、枉其才而用之、則爲棄人矣、

子路問成人。子曰。若臧武仲之知。公綽之不欲。卞莊子之勇。冉求之藝。文之以禮樂。亦可以爲成人矣。曰。今之成人者。何必然。見利思義。見危授命。久要不忘平生之言。亦可以爲成人矣。

此章漢宋諸注、異同殊多、佐以鄙見、得折衷而行之、知、去聲、成人言才德兼善者、武仲魯大夫名紇、莊子卞邑大夫、加以禮樂、言文之也、見利、義然後取、見危、則安命而行、久、久遠也、要、約也、平生、言有生之年、不忘其以往、希篤行於將來也、

按見危授命、漢儒未注、邢疏曰、見君親有危難、致命以救之、此說殊纏繞、朱氏則曰、授命謂不愛其生、持以與人、何爲其然也、愚見孔子屢瀕危難、如戹陳、畏匡、過宋、所言悉是安命、驗其言行、以證此說、命乃天之所授、授、付也、而我遭危難、亦祇好付於命耳、故曰見危授命、又久要、孔安國作舊約解、朱氏從之、亦迂濶、有約必踐耳、爲言不忘、有關平生、未免過乎嚴重、要、約也、猶禮記之君子約言、即約束其平素之言、不致放縱、必也終身可行、尤不可忘、孔謂平生、猶少時、殊執着朱謂平日也、嫌粗疏、予故曰、

平生、卽有生之年、以貫已往、及將來也、或曰、平生只可謂已往、有詰之曰、予曾謂平生不取非義之財、已往誠然、未來矧可忘乎、如不可忘、以至於死、始可謂之久約其言、安可作已往解乎、倘平生必要認作已往、應宜易用平素、然而作久要不忘平素之言、則將來之平生、仍躍然隱乎行間之中惡可沒乎、且生之反、曰死、自墮地至死皆猶平行、是之謂平生、

子問公叔文子於公明賈曰信乎夫子不言不笑不取乎公明賈對曰以告者過也夫子時然後言人不厭其言樂然後笑人不厭其笑義然後取人不厭其

取。子曰。其然。豈其然乎。

孔曰、公孫文子、衞大夫公孫拔、文謚、朱氏據檀弓、謂公孫拔、想經考正爲當也、公明賈答所謂時、然後、樂、然後、義、然後者、非時措之宜人未有不厭惡也、孔子仍有所疑、故曰其然、豈其然乎、可見公叔文子之言行能至此、已非易也、

子曰。臧武仲以防求爲後於魯。雖曰不要君。吾不信也。

此酌用漢宋諸儒之注、防、武仲所封邑也、要、有挾求之意、武仲爲孟氏所譖、出奔邾、自邾如防求爲立後於魯、此非己所能得而專也、故據邑以請、雖則卑辭、跡近要君、孔子所謂、雖曰不要君、

吾不信也、亦春秋之筆誅也、

子曰。晉文公譎而不正。齊桓公正而不譎。

譎、音抉、文公名重耳、桓公名小白、鄭高密曰、譎者、詐也、謂召天子、而使諸侯朝之、仲尼曰、以臣召君、不可以爲訓、故書曰、天王狩於河陽、是譎而不正也、馬氏曰、伐楚以公義責也、苞茅之貢不入、問昭王南征不還、是正而不譎也、

子路曰。桓公殺公子糾。召忽死之。管仲不死。曰。未仁乎。子曰。桓公九合諸侯。不以兵車。管仲之力也。如其仁。如其仁。

朱氏從孔安國之意曰、齊襄公無道、鮑叔牙奉公子小白奔莒、及無知殺襄公、管夷吾召忽奉公子糾奔魯、魯人納之未克、而小白入、是爲桓公、使魯殺公子糾而請管召、召忽死之、管仲請囚、鮑叔牙言於桓公、以爲相、子路疑、忘君事讎、未仁也、九、春秋傳作糾、督也、古通用、如其仁、謂誰如管仲之仁、

按如其仁者、猶卽是其仁也、孔安國曰、誰如管仲之仁、句上突然添一誰字、甚爲欠妥、且誰如其仁、乃不着邊際之稱許、仲尼不爲也、朱熹從之、未免疏忽、

子貢曰。管仲非仁者與。桓公殺公子糾。不能死。又相之。子曰。管仲相桓公。一匡天下。民到于今受其賜。微

管仲。吾其被髮左衽矣。豈若匹夫匹婦之爲諒也。自經於溝瀆。而莫之知也。

馬氏曰、匡、正也、天下微弱、桓公帥諸侯以尊周室、一正天下、微、無也、無管仲、則君不君、臣不臣、皆爲夷狄、何氏曰、受其賜者、爲不被髮左衽之惠、王氏曰、經、經死溝瀆中也、管仲召忽之於公子糾、君臣之義、未正成、故死之未足深嘉、不死未足多非、死事既難、亦在過厚、故仲尼但美管仲之功、不言召忽之當死、

按程氏曰、桓公兄也、子糾弟也、仲私於事、輔之以爭國非義也、此言甚是、召忽死之、同爲非義、故王氏所謂不死未足多非、正有以知聖人所以權其輕重、非獨未責其不死、又復稱其功多、且結之曰、豈若匹夫匹婦之爲諒也、自經於溝瀆、而莫之知也、恐爲召忽

之死、亦未合乎正義而發也、經、王注經死、謂屈頸閉氣曰雉經、則近是、朱氏注、經、縊也、似未妥、以上子路子貢兩問、而夫子答之不同、一爲仁、一爲相、皆發揮盡致、義理昭然、

公叔文子之臣大夫僎。與文子同升諸公。子聞之曰。可以爲文矣。

僎、音撰、臣、家臣、公、公朝、孔安國曰大夫僎本文子家臣、薦之、使與己並爲大夫、同升諸公朝、言行如是、可謚爲文、洪氏曰家臣之賤、而引之使與己並、有三善焉、知人一也、忘己二也、事君三也、

子言衛靈公之無道也。康子曰。夫如是。奚而不喪。孔

子曰。仲叔圉治賓客。祝鮀治宗廟。王孫賈治軍旅。夫如是。奚其喪。

孔曰、言雖無道、所任者各當其才、何爲當亡、尹氏曰、衞靈公之無道、宜喪也、而能用此三人、猶足以保其國、而況有道之君能用天下之賢才者乎、

子曰。其言之不怍。則爲之也難。

怍者、慚其無實也、不怍者、有實也、爲之也難、況無實者、安可爲乎、

陳成子弑簡公。孔子沐浴而朝。告於哀公曰。陳恆殺其君。請討之。公曰。告夫三子。孔子曰。以吾從大夫之

後。不敢不告也。君曰。告夫三子者。之三子告。不可。孔子曰。以吾從大夫之後。不敢不告也。

朝、音潮、馬氏曰、成子齊大夫陳恒也、將告君、故先齋、齋必沐浴、三子者、季孫、孟孫、叔孫也、孔子由君命之三子告、不可、故復以此辭語之、而止、程氏曰、當是時、天下之亂極矣、因是足以正之、周室其復興乎、魯之君臣、終不從之、可勝惜哉、

子路問事君。子曰。勿欺也。而犯之。

孔安國曰、事君之道、義不可欺、犯顏諫爭、范氏曰、犯非子路之所難也、而以不欺爲難、故夫子敎之先勿欺、而後犯之、

子曰。君子上達。小人下達。

朱氏曰、君子循天理、故日進乎高明、小人徇人欲、故日究乎汙下、

按朱氏所謂進乎高明、究乎汙下、不足稱爲上達下達也、愚謂君子謀道不謀食、反之者、小人謀食不謀道耳、上達者、達則兼善天下、下達者、窮則獨善其身、故夫子謂小人哉、樊須也、須、欲學稼爲八口計、此亦下達以養其妻子、則亦不出乎獨善其身也、

子曰。古之學者爲己。今之學者爲人。

爲己、以脩己爲本、爲人、務求人知、以逞其能也、朱氏曰、聖賢論學者、用心得失之際、其說多矣、然未有如此言之切而要者、於此明辨而日省之、則庶乎其不昧於所從矣、

蘧伯玉使人於孔子。孔子與之坐而問焉。曰。夫子何爲。對曰。夫子欲寡其過而未能也。使者出。子曰。使乎

使乎。

孔曰、伯玉、衞大夫蘧瑗、朱氏曰、孔子居衞、嘗主於其家、代伯玉答、而能見其脩己之德、故孔子稱其使得其人也、

子曰。不在其位。不謀其政。重出

曾子曰。君子思不出其位。

此艮卦象辭也、曾子稱之、正義所謂思慮所及、不越其職也、

子曰。君子恥其言。而過其行。

行、去聲、正義曰、有言而行不副、君子恥之、

子曰。君子道者三。我無能焉。仁者不憂。知者不惑。勇

者不懼。子貢曰。夫子自道也。

仁者樂天知命、故不憂、知者明於事、故不惑、勇者見義當爲、故不懼、此則夫子深切之誨人也、故先之以謙曰、我無能焉、以明非自衒、實則如子貢所謂、夫子自道也、

子貢方人。子曰。賜也。賢乎哉。夫我則不暇。

孔曰、方比方人也、我則不敢較人短長也、故稱其賢乎哉、實則責其非賢者之事也、

子曰。不患人之不己知。患其不能也。

此章凡四見、文雖稍有不同、其旨蓋猶一而已、然聖人反復丁寧、以脩己爲本、可以見矣、

子曰。不逆詐。不億不信。抑亦先覺者。是賢乎。

不逆料其欺詐、不億度其不信任、疑先覺者、便是賢乎、此正恐君子、以誠待人、時或惹欺詐及不信之蒙蔽、而發也、意者雖憑先覺、尤須審察之焉、

微生畝謂孔子曰。丘何爲是栖栖者與。無乃爲佞乎。

孔子曰。非敢爲佞也。疾固也。

微生姓、畝名、接輿之流也、態殊倨傲、自以爲有齒德也、直呼孔子之名曰、何爲栖栖皇皇、以爲能以口給御人乎、孔子恭而答之曰、非敢爲佞也、疾固也、猶言疾久不瘥也、

按孔子自稱疾固、爲無可奈何之應對、疾固見禮記、季冬月行春令

、國多固疾、此誠至當之答、而包氏、强謂疾世固陋、欲行道而化之、朱氏亦曲解、疾惡也、固、執一而不通也、此皆夢囈耳、豈夫子之意也與、

子曰。驥不稱其力。稱其德也。

驥善馬之稱、鄭高密曰、德者、調良也、尹氏曰、驥雖有力、其稱在德、人有才而無德、則亦奚足尚哉、

或曰。以德報怨。何如。子曰。何以報德。以直報怨。以德報德。

以德報怨、見老子、子曰、何以報德、是刻切之對、怨與德之報

、聖人所言、皆至理、不可得而增損之也、猶以直字、非具有聖人之德者、安能下也、人恒欲報怨也、往往不擇手段、惡能由其直乎、

子曰。莫我知也夫。子貢曰。何爲其莫知子也。子曰。不怨天。不尤人。下學而上達。知我者。其天乎。

此章漢宋諸儒所注、各有得失、玆參鄙見、而酌用之、夫子歎人之莫己知、子貢疑焉、亟欲聞其故、誰知道之不行也、而不怨天、世之不見用、而不尤人、下學人事、上達天理、言行猶一、天理分明、故曰知我者、其惟天乎、

公伯寮愬子路於季孫。子服景伯以告。曰。夫子固有

愬志於公伯寮。吾力猶能肆諸市朝。子曰。道之將行也與。命也。道之將廢也與。命也。公伯寮其如命何。

愬、譖也、朝、音潮、此朱氏從漢注意曰、公伯寮魯人、子服氏、景謚、伯字、魯大夫、服何也、夫子指季孫、言其有疑於寮之言也、肆、陳尸也、言欲誅寮、與、平聲、謝氏曰、雖寮之愬行、亦命也、其實寮無如之何、愚謂言此以曉景伯、安子路、而警伯寮耳、聖人於利害之際、則不待決於命、而後泰然也、

子曰。賢者辟世。其次辟地。其次辟色。其次辟言。

辟、去聲、孔曰、世主莫得而臣、馬氏曰、辟地、去亂國、適治邦、朱氏曰辟色、禮貌衰而去、辟言有違言、而後去、程氏曰四者、

雖以大小次第言之、然非有優劣也、所遇不同耳、

子曰。作者七人矣。

李氏曰、作、起也、言起而隱去者、今七人矣、不可知其誰何、必求其人以實之則鑿矣、

按作者七人之言、似歎能隱者、亦匪易耳、包咸必擧長沮桀溺等七人以實之、但憑億度、殊可不必、李氏譏之爲鑿、是矣、賢者識其大者、如此之類、漢宋諸儒、時或不免、亦可以借鏡焉、

子路宿於石門。晨門曰。奚自。子路曰。自孔氏。曰。是知其不可而爲之者與。

與、平聲、石門地名、何氏曰、晨門者、閽人也、包氏曰、言孔子知世不可爲、而强爲之、朱氏曰、此賢人隱於抱關者也、胡氏曰、晨門知世之不可、而不爲、故以是譏孔子、然不知聖人之視天下、無不可爲、之時也、愚以謂人在則政興 人亡則政始息、安有不可爲之時也、

子擊磬於衛有荷蕢而過孔氏之門者曰有心哉擊磬乎既而曰鄙哉硜硜乎莫己知也斯已而已矣深則厲淺則揭子曰果哉末之難矣

朱氏曰、荷、去聲、磬、樂器、荷、擔也、蕢、草器也、此荷蕢者、亦隱

士也、聖人之心未嘗忘天下、此聞其磬聲而知之、則亦非常人矣、硜、音徑、莫己、之己、音紀、揭音挈、硜硜石聲、亦專確之意、以衣涉水、曰厲、攝衣涉水、曰揭、此兩句衞風、匏有苦葉、之詩也、譏孔子、人不知己而不止、不能適淺深之宜、果哉、歎其果於忘世也、末、無也、聖人心同天地、視天下猶一家、中國猶一人、不能一日忘也、故聞荷蕢之言、而歎其果於忘世、且言人之出處、若但如此、則亦無所難矣、

子張曰。書云。高宗諒陰。三年不言。何謂也。子曰。何必高宗。古之人皆然。君薨。百官總己。以聽於冢宰三年。

孔曰、高宗殷之中興王、武丁也、諒。信也、陰、猶默也、馬氏曰、

己總百官、孔曰冢宰天官卿、佐王治者三年喪畢、然後王自聽政、朱氏曰、諒陰、未詳其義、百官總己、謂總攝己職、與馬氏不同、按諒陰與諒闇諸說、雖未了斷、然其大意、夫子謂天子居喪、三年不言、自古皆然、諒陰之疑義、亦可以想見矣、百官總己、竊以爲總猶合也、和也、似言己合和百官、悉聽命於冢宰、則與馬氏較近耳、

子曰。上好禮。則民易使也。

何氏曰、上好禮、民莫敢不敬、故易使、

子路問君子。子曰。脩己以敬。曰。如斯而已乎。曰。脩己以安人。曰。如斯而已乎。曰。脩己以安百姓。脩己以安

百姓。堯舜其猶病諸。

孔安國曰、敬其身、人、謂朋友九族、病猶難也、按脩己以敬、與克己復禮、相去僅一間耳、能脩己、然後進而言克己、能敬、然後進而爲復禮也、子路昧於其理故少之、而不知、君子之道脩己盡之焉、若言克己復禮、則仁者之事也、

原壤夷俟。子曰幼而不孫弟長而無述焉老而不死是爲賊。以杖叩其脛。

孫、弟、並去聲、長、上聲、叩、音寇、脛、音逕、馬氏曰、原壤魯人孔子故、舊、夷踞、俟、待也、踞待孔子、何氏曰、賊、謂賊害、孔安國曰、叩、擊也、脛、脚脛、朱氏曰、壤母死而歌、蓋老氏之流、自放於禮法之外者、

闕黨童子將命。或問之曰。益者與。子曰。吾見其居於位也。見其與先生竝行也。非求益者也。欲速成者也。

馬氏曰、闕黨之童子將命者、傳賓主之語出入、童子隅坐無位、成人乃有位、朱氏曰、孔子見其居於位、又與先生並行不循禮、非能求益、欲速成爾、故使之給使令之役、觀長少之序、習揖遜之容、蓋所以抑而敎之、非寵而異之也、

衛靈公第十五 凡四十一章

衛靈公問陳於孔子。孔子對曰。俎豆之事。則嘗聞之矣。軍旅之事。未之學也。明日遂行。在陳絕糧。從者病。莫能興。子路慍見曰。君子亦有窮乎。子曰。君子固窮。小人窮斯濫矣。

問陳、陳、去聲、孔曰、戰陳行列之法、俎豆禮器、鄭高密曰、萬二千五百爲軍、五百人爲旅、軍旅末事、本未立、不可教以末事、孔曰、從者、弟子、興、起也、孔子去衞如曹、曹不容、又之宋、宋遭匡人之難、又之陳、會吳伐陳、陳亂、故乏食、見、音現、固、堅也、濫、泛也、

按何氏、濫、作溢解、嫌弱、固應與濫字呼應、始有神、若作固亦有窮、則索然矣、

子曰。賜也。女以予爲多學而識之者與。對曰。然。非與。曰。非也。予一以貫之。

第四篇里仁、夫子此言、曾與曾參道之、參曰、唯、今啓發子貢、意者以參未盡了解否乎、欲賜審問得以告之、惜乎賜亦未之再問、則後之學者無從得而聞焉、愚意已詳見於前、何氏此注、與

邢疏亦皆言一理以貫通之、迄未道及曾子忠恕之說、則亦可以知其概焉、

子曰。由。知德者鮮矣。

鮮、上聲、王氏曰、君子固窮、而子路慍見、故謂之少於知德、

子曰。無爲而治者。其舜也與。夫何爲哉。恭己正南面而已矣。

與、平聲、夫、音扶、何氏曰、言任官得人、故無爲而治、朱氏曰、獨稱舜者、紹堯之後、

子張問行。子曰。言忠信。行篤敬。雖蠻貊之邦行矣。言

不忠信。行不篤敬。雖州里。行乎哉。立則見其參於前也。在輿則見其倚於衡也。夫然後行。子張書諸紳。

鄭高密曰、萬二千五百家爲州、五家爲鄰、五鄰爲里、行乎哉、言不可行、包氏曰、衡、軛也、言思念忠信、立、常想見參然在目前、在輿、則若倚車軛、孔安國曰、紳大帶、朱氏曰行篤、行不、之行、去聲、貊、亡百反、蠻、南蠻、貊、北狄、參、七南反、夫、音扶、言其於忠信篤敬、念念不忘、隨其所在、常若有見、程氏曰、學要鞭辟近裏、著己而已、博學而篤志、切問而近思、

按子張應是問行、行、去聲、行、則行也、然言行、必由恭謹之在於心、然後行也、如立、則見其參於前也、恭己也、在輿、則見其倚衡也、謹己也、以衡者、駕馬之軛要處、恐有驚失也、

子曰。直哉史魚。邦有道。如矢。邦無道。如矢。君子哉。蘧伯玉。邦有道。則仕。邦無道。則可卷而懷之。

孔曰、衞大夫史鰌有道無道、其直如矢、言不曲、朱氏曰、伯玉出處合於聖人之道、故曰、君子、卷、收也、懷、藏也、楊氏曰、史魚之直、未盡君子之道、若伯玉然後可免於亂世、若史魚之直如矢、則雖欲卷而懷之、有不可得也、朱氏曰、史魚既死、猶以尸諫、故夫子稱其直　事見家語、

子曰。可與言而不與之言。失人。不可與言而與之言。失言。知者不失人。亦不失言。

知、去聲、言之重要有如此、如失人者、昧於己、事無大小又何論焉、如失人者、可見己之不知也、又何事能得而明也、

子曰。志士仁人。無求生以害仁。有殺身以成仁。

孔曰、無求生以害仁、死而後成仁、則志士仁人不愛其身也、正義曰、若伯夷、叔齊、比干是也、愚以爲無求生以害仁、必也求仁得仁、方可死無憾焉、

子貢問爲仁。子曰。工欲善其事。必先利其器。居是邦

也。事其大夫之賢者。友其士之仁者。

孔安國曰、言工以利器爲用人、以賢友爲助、程氏曰、子貢問爲仁、非問仁也、故孔子告以爲仁之資而已、

顏淵問爲邦。子曰。行夏之時。乘殷之輅。服周之冕。樂則韶舞。放鄭聲。遠佞人。鄭聲淫。佞人殆。

朱氏曰、顏子王佐之才、故問治天下之道、曰、爲邦謙辭、夏以寅爲人正、商以丑爲地正、周以子爲天正也、然時以作事、則歲月自當、以人爲紀、故孔子嘗曰、吾得夏時焉、輅、音路、商輅大車也、古者以木爲車而已、以其樸素而渾堅也、周之冕、雖華而不爲靡、雖費而不及奢、夫子取之、蓋亦以其爲文而得其中也、韶取其

盡善盡美、孔安國曰、鄭聲佞人、亦俱皆惑人心、與雅樂賢人不同、而使人淫亂危殆、故當放遠之、尹氏曰、此所謂王不易之大法、孔子之作春秋、蓋此意也、孔顏雖不得行之於時、然其治之法、可得而見矣、

子曰。人無遠慮。必有近憂。

蘇氏曰、人之所履者容足之外、皆爲無用之地、而不可廢也、故慮不在千里之外、則患在几席之下矣、

子曰。已矣乎吾未見好德。如好色者也。

朱氏曰、好、去聲、已矣乎歎其終不得而見也、

子曰。臧文仲。其竊位者與。知柳下惠之賢。而不與立

也。

孔安國曰、柳下惠展禽也、知賢而不擧、是爲竊位、范氏曰臧文仲爲政於魯、若不知賢、是不明也、知而不擧、是蔽賢也、不明之罪小、蔽賢之罪大、故孔子以爲不仁、又以爲竊位、而不與立、謂不與之並立於朝也、

子曰。躬自厚而薄責於人。則遠怨矣。

遠、去聲、孔安國曰、責己厚、責人薄、所以遠怨咎、

子曰。不曰如之何。如之何者。吾末如之何也已矣。

朱氏曰、如之何如之何者、熟思而審處之辭也、不如是而妄行、雖聖人亦無如之何矣、愚以此注、優於漢儒、

子曰。羣居終日。言不及義。好行小慧。難矣哉。

好、去聲、言不及義者、離乎孝弟忠信也、好行小慧者自衒巧言令色也、

子曰。君子義以爲質。禮以行之。孫以出之。信以成之。君子哉。

孫、去聲、義以爲質者、有是非之心也、然必以禮行之、孫出之、信成之、斯可以爲君子矣、

子曰。君子病無能焉。不病人之不己知也。

無能者無善之實也、故君子患之、人不知己、不足爲病、

子曰。君子疾沒世而名不稱焉。

何氏曰、疾猶病也、蓋棺論定、疾虛名不稱其實也、

子曰。君子求諸己。小人求諸人。

禹稷躬稼、而有天下、求諸己也、小人違道干譽、求諸人也、

子曰。君子矜而不爭。羣而不黨。

矜者、賢以自尚、不與人爭、羣者、謀與道助、不阿其黨、是之謂君子、

子曰。君子不以言舉人。不以人廢言。

包氏曰、有言者、不必有德、王氏曰、不可以無德而廢言、愚以

爲聞其言、未見其行、未可以言擧人、倘其言善、雖未見其行、亦不可以人微、而廢其言、

子貢問曰。有一言而可以終身行之者乎。子曰。其恕乎。己所不欲。勿施於人。

尹氏曰、學貴於知要、子貢之問、可謂知要矣、孔子告以求仁之方也、推而極之、雖聖人之毋我、不出乎此、終身行之、不亦宜乎、

按己所不欲勿施於人、乃恕之本也、此亦夫子之心傳也、學者推此心以及人、由之而及乎萬事萬物之接於我者、則皆猶枝葉耳、

子曰。吾之於人也。誰毀誰譽。如有所譽者。其有所試

矣。斯民也。三代之所以直道而行也。

譽、平聲、包氏曰、所譽者輒試以事、不虛譽而已、馬氏曰、三代夏商周、用民如此無所阿私、所以直道而行、愚以爲、如有所譽者、欲有以嘉勉、故試之耳、

子曰。吾猶及史之闕文也。有馬者。借人乘之。今亡已夫。

夫、音扶、寧疑闕如、良史也、馬借人、猶肥馬輕裘與朋友共、無吝色、亦匪易事、今也則無、胡氏曰、此章疑義不可强解、

子曰。巧言亂德。小不忍。則亂大謀。

巧言昧正義故、故亂德、小不忍無容量、故亂大謀、

子曰。衆惡之必察焉。衆好之必察焉。

好、惡、並去聲、常人之好惡、未必當義、有特立獨行之士、或人多惡之、或有鄉愿人多好之、不察安得而知之、

子曰。人能弘道。非道弘人。

道、人道也、故人能弘道、道無爲也、故道不能弘人、

子曰。過而不改。是謂過矣。

過而能改、則仍不失爲人、過而不改、則近乎禽獸、是謂過矣、

子曰。吾嘗終日不食。終夜不寢。以思無益。不如學也。

廢寢忘餐、無裨乎學、遐思虛構、無益、不如實學、有用、

子曰。君子謀道不謀食。耕也。餒在其中矣。學也。祿在其中矣。君子憂道不憂貧。

學能得祿、應得也、然謀道者、非謀食也、故貧非所憂、爲學而貧者、亦猶耕者逢水旱耳、

子曰。知及之。仁不能守之。雖得之。必失之。知及之。仁能守之。不莊以涖之。則民不敬。知及之。仁能守之。莊以涖之。動之不以禮。未善也。

既知且仁、又以莊涖、終不由禮以行、猶爲未善、噫其嚴乎、惡可忽哉、

按此章短短、不過五十言、其義理之透澈、且亦層出不窮、可見應有必須盡有、學者如能得此意、則其用、亦可謂無窮矣、

子曰。君子不可小知。而可大受也。小人不可大受。而可小知也。

君子與小人、器量有大小之別、於以見矣、

子曰。民之於仁也甚於水火。水火吾見蹈而死者矣。未見蹈仁而死者也。

仁之於民也、培其德性、水火之於民也、不過養其體耳、德性本也、體猶末耳、相去遠甚、然民之蹈水火而死者、有之矣、未見有蹈仁而死者、可見僅知其末、而忘其本矣、

子曰。當仁不讓於師。

仁者、人心之本能也、其可讓乎、雖君父猶之不得讓也、

按仁者人之心也、弟子之與師、以得受其求仁之方者、心傳也、然見當仁之事不能辭、雖剖心爲之、惡能讓於師乎、可見仁人之心可剖、但不能讓心與師者、非當仁也、

子曰。君子貞而不諒。

朱氏曰、貞、正而固、是也、諒不擇是非、而必於信、欠妥、諒者、

必由人之能信也、故貞則不必待人、而後有以信之也、
按君子貞正於內、諒之爲信猶外也、貞正於內、猶涅而不緇磨而不磷、非若匹夫匹婦之爲諒也、

子曰。事君敬其事而後其食。

朱氏曰、食祿也、君子之仕也、有官守者、修其職、有言責者、盡其忠、敬吾之事而已、

按朱氏此解、細玩之食不宜作祿、應作如字解、合君命召不俟駕往矣、觀夫事君、敬其事不宜俟食後而往、正宜猶枵腹從公之意也、

子曰。有教無類。

教所以化人爲善也、是以不待辨其類焉、且夫子有謂與其進也、

不與其退也、與其潔也、不保其往也、又何損於敎乎、

按朱氏謂人性皆善、而其類有善惡之殊者、氣習之染也、此言甚爲欠當、人本有善惡之殊、豈獨關乎類歟、但有以敎之而已、何曾望其悉復於善也、且以孟軻性善之說、非中庸之道猶待考耳、

子曰。道不同。不相爲謀。

爲去聲、朱氏曰不同、如善惡邪正之類、愚以爲苟與之謀、則邪說日滋、惡足以解人之惑也、

按道之不同、正猶賢者過之、愚者不及也、如能叩其兩端、用於中者、謀之臧也、其兩端者乃異端耳、不可相與謀也、

子曰。辭達而已矣。

孔曰、凡事莫過於實、辭達則足矣、不煩文艷之辭、朱氏曰、辭取達意而止、不以富麗爲工、愚以爲辭不達意、人難了解、便爲棄言、

按周公有言、辭達而弗多、孔子則曰、辭達而已矣、前則諭爲命之鍼言、後則垂萬古之明訓、何止有文艷富麗之別而已、愚以爲達之一字、已爲亘古所難能、學者幸宜細心體察之焉、

師冕見。及階。子曰。階也。及席。子曰。席也。皆坐。子告之曰。某在斯。某在斯。師冕出。子張問曰。與師言之。道與。子曰。然。固相師之道也。

孔安國曰、師、樂人、盲者、名冕、見、音現、某在斯、歷告以坐中人姓字所在處、相、去聲、馬氏曰、相導也、與、平聲、朱氏曰、聖門學者、於夫子之一言一動、無不存心省察如此、

季氏第十六 凡十四章

季氏將伐顓臾。冉有季路見於孔子曰。季氏將有事於顓臾。孔子曰。求。無乃爾是過與。夫顓臾。昔者先王以爲東蒙主。且在邦域之中矣。是社稷之臣也。何以伐爲。冉有曰。夫子欲之。吾二臣者。皆不欲也。孔子曰。求。周任有言曰。陳力就列。不能者止。危而不持。顛而不扶。則將焉用彼相矣。且爾言過矣。虎兕出於柙。龜玉毀於櫝中是誰之過與。

顓、音專、臾、音俞、孔安國曰、伏羲之後、風姓之國、本魯之附庸、當時臣屬魯、季氏貪其土地、欲滅而取之、冉有與季路爲季氏臣、來告孔子、冉求爲季氏宰、相其室、爲之聚斂、故孔子獨疑求敎之、昔者曾使主祭東蒙山、魯七百里之封、顓臾爲附庸、在其域中、已屬魯爲社稷之臣、何用滅之爲、夫子欲之、歸咎於季氏、馬氏曰周任古之良史、言當陳其才力、度己所任、以就其位、不能則當止、包氏曰、言輔相人者、當能持危扶顚、若不能、何用相爲、馬氏曰、柙、檻也、櫝、匱也、失虎毀玉、豈非典守之過邪、

冉有曰。今夫顓臾。固而近於費。今不取。後世必爲子孫憂。孔子曰。求。君子疾夫。舍曰欲之。而必爲之辭。丘

也聞有國有家者。不患寡而患不均。不患貧而患不安。蓋均無貧。和無寡。安無傾。夫如是。故遠人不服。則修文德以來之。今由與求也。相夫子。遠人不服。而不能來也。邦分崩離析。而不能守也。而謀干戈於邦內。吾恐季孫之憂。不在顓臾。而在蕭牆之內也。

馬氏曰、固、謂城郭完堅、兵甲利也、費季氏邑、孔安國曰、疾如女之言舍其貪利之說、而更作他辭、是所疾也、國、諸侯、家卿大夫、不患土地人民之寡少、患政理之不均平、憂不能安民耳、民安則國富、包氏曰、政教均平、則不貧矣、上下和同、不患寡矣、大小安寧、不傾危矣、孔曰民有畏心曰分、欲去曰崩、不可聚會曰離析、干、楯也、戈、戟也、鄭高密曰、蕭、之言肅也、牆、謂屏也、君臣相見之禮至屏而加肅敬焉、是以謂之蕭牆、後季氏家臣陽虎、果囚季桓子、朱氏曰、伐顓臾之事、不見於經傳、其以夫子之言而止也與、

孔子曰。天下有道。則禮樂征伐自天子出。天下無道。則禮樂征伐自諸侯出。自諸侯出。蓋十世希不失矣。自大夫出。五世希不失矣。陪臣執國命。三世希不失

矣。天下有道。則政不在大夫。天下有道。則庶人不議。

孔安國曰、希少也、周幽王爲犬戎所殺、平王東遷、周始微弱、諸侯自作禮樂、專行征伐、始於隱公至昭公、十世失政死於乾侯矣、季文子初得政、至桓子五世、爲家臣陽虎所囚、馬氏曰、陪、重也、謂家臣、陽虎、爲季氏家臣、至虎三世而出奔齊、孔曰天下有道、制之在君、庶人無所非議、

孔子曰。祿之去公室五世矣。政逮於大夫四世矣。故夫三桓之子孫微矣。

夫、音扶、鄭高密曰、言此之時、魯定公之初、魯自東門襄仲殺文公之子赤、而立宣公、於是政在大夫、爵祿不從君出、至定公爲五世

矣、政逮於大夫、孔安國曰、文子武子悼子平子、三桓謂仲孫、叔孫、季孫、三卿皆出桓公、故曰三桓也、仲孫氏、改其氏稱孟氏、至哀公皆衰、

孔子曰。益者三友。損者三友。友直。友諒。友多聞。益矣。友便辟。友善柔。友便佞。損矣。

便、平聲、習也、辟、音僻、與僻同、邪僻也、友直、我倘有過必能知之、友諒、能誠信必不我欺、友多聞、可擇其善而識之、益矣、友便辟、習於邪僻之行、友善柔、過乎媚悅、近乎諂、友便佞、習於口給、言少及義、損矣、

按馬氏釋便辟、謂巧辟人之所忌、求容媚、殊費力、朱氏謂習熟威

儀、未免過乎狹隘、不足垂法萬世、愚於不得已時、然後窮究之、雖費千慮、未敢期有一得、以爲求容媚與善柔相似、習威儀去便佞又過遠、故直謂邪僻較爲近耳、然亦不過欲明是非、聊盡心力而已、

孔子曰。益者三樂。損者三樂。樂節禮樂。樂道人之善。樂多賢友。益矣。樂驕樂。樂佚遊。樂宴樂。損矣。

孔曰驕樂乃恃尊貴以自恣、王氏曰佚游出入不節、孔曰宴樂、沈荒淫瀆、三者自損之道、朱氏曰、樂、五敎反、禮樂之樂、音岳、驕樂宴樂之樂、音洛節謂辨其制度聲容之節、驕樂則侈肆而不知節、佚游、則惰慢而惡聞善、宴樂則淫溺而狎小人、三者損益亦相反也

按此章、驕樂、應作禮樂之樂解、因上文首擧節禮樂、爲益、下文所謂驕

樂者、慢禮也、故爲損、是相對之辭、佚游、是狹邪挾妓之類、宴樂乃沈荒淫瀆之類、皆具驕侈喜樂之意於其中、又何用另以驕樂空泛之言、冠其首、且與禮樂、了不相應、則孔安國之注、未免疏忽、朱氏從之、予大以爲不然、況禮樂之樂、有淫樂、哀樂、猶仲由之瑟有北鄙殺伐之音者、亦樂也、且夫子有謂、聞樂不樂之說、倘有豪富者、淫奢恣肆、朋簪狎妓作終夜之樂、非驕是何、予必謂之非禮且不節、不然則節禮樂三字落空、審玩夫子之辭、未嘗有近似之語氣者矣、

孔子曰。侍於君子有三愆。言未及之而言。謂之躁。言及之而不言。謂之隱。未見顏色而言。謂之瞽。

朱氏從漢儒之意曰、君子有德位之通稱、衍、過也、瞽、無目也、不能觀色、孔安國曰、隱匿、不盡情實、

孔子曰。君子有三戒。少之時血氣未定。戒之在色。及其壯也。血氣方剛。戒之在鬬。及其老也。血氣既衰。戒之在得。

血氣者、母以血養成者體也、故謂有生之體、乃血之氣、未定者、男兒八歲換齒、腎氣始生、十六歲腎氣纔足、始有精、在二十四以內、正長、故謂未定、則在色須有戒心、戒、朱氏謂以理勝之、三十二歲後、爲壯乃方剛之時、好鬥宜有戒心、四十雖强、亦爲

始衰、四十八以後、髮斑白、旣衰矣、戒在得、得、孔安國曰、貪也、凡色與酒及財等俱須有貪之戒耳、

孔子曰。君子有三畏。畏天命。畏大人。畏聖人之言。小人不知天命。而不畏也。狎大人。侮聖人之言。

人之賦性、關乎天命、大人者、猶君親師也、聖人者、人之表率也三者皆有至理存焉、故爲君子之所畏、邢疏曰、狎、慣忽也、侮、輕慢也、不知天命狎大人、侮聖人之言、小人與君子正相反耳、

孔子曰。生而知之者。上也。學而知之者。次也。困而學之。又其次也。困而不學。民斯爲下矣。

孔曰、困謂有所不通、朱氏曰、言人之氣質不同、大約有此四等、楊氏曰、生知、學知、以至困學、雖其質不同然及其知之一也、故君子惟學之爲貴、困而不學、然後爲下、

按生知與困學之相去、不過猶有緩速先後之別已耳、騏驥日行千里、駑駘十駕、然及至者一也、故謂及其知一也、亦不過費人一己百之功已耳、至於可學而不學、則在自暴自棄之例焉、

孔子曰。君子有九思。視思明。聽思聰。色思溫。貌思恭。言思忠。事思敬。疑思問。忿思難。見得思義。

視聽、必求眞識、而達乎審辨、色貌溫恭、誠於內而形乎外、言必由衷、事必敬事、疑必求釋、思難可以懲忿、思義不致苟得、

孔子曰。見善如不及。見不善如探湯。吾見其人矣。吾聞其語矣。隱居以求其志。行義以達其道。吾聞其言矣。未見其人也。

見善、好之、如不及、見不善、惡之、如探湯、朱氏以爲顏、曾、閔、冉之徒、能如古語、隱居求志、行義達道者、朱氏以爲伊尹太公之流可以當之、今僅聞此語耳、

齊景公有馬千駟。死之日。民無德而稱焉。伯夷叔齊餓於首陽之下。民到於今稱之。其斯之謂與。

馬氏曰、首陽山在河東、蒲坂縣、華山之北、河曲之中、民稱之、

王氏曰、此所謂以德爲稱、

按此章、謂齊景公有馬千駟、駟四馬也、民無德而稱焉、程氏曰、十二篇有、誠不以富、亦秪以異、當在此章之首、朱氏從之、可也、不過此章雖無此語冠首、亦已明矣、反言之、誠不以富、亦秪以異、雖無陪襯、亦可以立、故吾以爲、如意可通、未必如朱氏所謂、大抵此書後十篇、多闕誤、

陳亢問於伯魚曰。子亦有異聞乎。對曰。未也。嘗獨立。鯉趨而過庭。曰。學詩乎。對曰。未也不學詩無以言。鯉退而學詩。他日、又獨立。鯉趨而過庭。曰。學禮乎。對曰。

未也。不學禮。何以立。鯉退而學禮。聞斯二者。陳亢退而喜曰。問一得三。聞詩聞禮。又聞君子之遠其子也。

亢、音剛、馬氏曰、以為伯魚孔子之子、所聞當有異、孔安國曰、獨立謂孔子、愚以詩可以興、觀、羣、怨、又不失於溫柔敦厚、是以不學、不知所以言、禮、端品厲節、敬以達事、恭以持己、是以不學、何以立、陳亢初疑聖人或有以厚於其子、既時則知、猶遠於門人也、按陳亢謂君子之遠其子、夫子主推己及人之道、惡有親其弟子、而反遠其子乎、吾不信也、

邦君之妻。君稱之曰夫人。夫人自稱曰小童。邦人稱之曰君夫人。稱諸異邦曰寡小君。異邦人稱亦曰君

夫人。

孔曰、小君、君夫人之稱、對異邦、謙、故曰寡小君、當此之時、諸侯嫡妾不正、稱號不審、故孔子正言其禮也、

陽貨第十七 凡二十六章

陽貨欲見孔子。孔子不見。歸孔子豚。孔子時其亡也。而往拜之。遇諸塗。謂孔子曰。來予與爾言。曰懷其寶而迷其邦。可謂仁乎。曰不可。好從事而亟失時。可謂知乎。曰不可。日月逝矣。歲不我與。孔子曰諾。吾將仕矣。

孔安國曰、陽貨、陽虎也、季氏家臣、而專魯國之政、欲見孔子使仕、欲使其往謝、故遺孔子豚、遇諸塗、塗道也、於道路與相逢、馬氏曰、言孔子不仕、是懷寶也、知國不治而不從政、是迷

邦也、孔曰、言孔子栖栖好從事、而數不遇、失時、不得爲有知、馬曰、年老、歲月已往、當急仕、
按陽貨誠能知孔子者、謂懷寶、謂仁、謂知、以歸豚、勸勿失時而仕、其意至善矣、而孔子惡三家已甚、故不從也、

子曰。性相近也。習相遠也。

孔安國曰、君子愼所習、然習於善則善、習於惡則惡、爲相近、習相遠矣、

按程氏曰、此言氣質之性、非言性之本也、若言性其本、則性卽理、理無不善、孟子之言性善是也、何相近之有哉、此程氏之言性、渾屬意造、殊無所據、欲將已往聖哲之言、一概推翻、其害甚於洪流猛獸、以性卽理推之、孟軻性善之說、亦不能辭其咎、然而仲尼

如日月、何可毀也、謂仲尼不知性之本與性善、徒自毀耳、寧不取上知與下愚不移、之一語、以證乎其實、此眞孔子之畔徒也巳、朱熹從之、應坐同罪、

子曰。唯上知與下愚不移。

孔安國曰、上知不可使爲惡、下愚不可使強賢、

按此章、程氏又強爲之解、曰、語其性、則皆善也、語其才、則有下愚之不移、所謂下愚、有二焉、自暴自棄也、人苟以善自治、則無不可移、昏愚之至、皆可漸磨而進也、惟自暴者、拒之以不信、自棄者、絕之以不爲、雖聖人與居、不能化而入也、不佞以爲、稍有才者、便非下愚、自暴自棄者、有才而習邪辟之行、非下愚之類也、程氏錯矣、下愚者蠢愚遲鈍、雖下人一己百之功、了無用也、縱磨之將

滅、亦不得進也、不佞屢見之矣、此又非程氏所逆料也、朱熹爲畔道者附和、予不得知其用意焉、

子之武城。聞弦歌之聲。夫子莞爾而笑曰。割雞焉用牛刀。子游對曰。昔者偃也聞諸夫子曰。君子學道則愛人。小人學道則易使也。子曰。二三子。偃之言是也。前言戲之耳。

孔安國曰、子游爲武城宰、莞、音晥、何氏曰、小笑貌、孔曰、道、謂禮樂也、樂以和人、人和則易使、二三子、從行者、戲以治小而

用大道、朱氏曰、嘉子游之篤信、又以解門人之惑也、又謂夫子驟聞而深喜之、因反其言以戲之、而子游以正對、故復是其言、而自實其戲也、

公山弗擾以費畔。召子欲往。子路不說曰。末之也已。何必公山氏之之也。子曰。夫召我者而豈徒哉。如有用我者。吾其爲東周乎。

孔安國曰、弗擾爲季氏宰、與陽虎共執季桓子、而召孔子、末之、之、適也、無可之則止、何必公山氏之適、何氏曰、興周道於東方、故曰東周、程氏曰、聖人以天下、無不可有爲之人、亦無不

可改過之人、故欲往、然而終不往者、知其必不能改、故也、

按公山佛肸之召、子悉欲往、以子路諸人、皆未能心夫子之心、致中輟、惜哉、夫子之心、於前後申述中、已畢露焉、如回也在、夫子必往矣、嘗謂用之則行、惟我與女有是與、今則孤掌難鳴矣、公山佛肸之畔、正猶夫子之斧柯然、三家僭逆、甚於少正卯、罪不勝誅、今有代誅之者、何爲不往、所謂好仁者、無以尙之、惡不仁者也、然而夫子之不復爲東周、豈非天乎、

子張問仁於孔子。孔子曰。能行五者於天下。爲仁矣。請問之。曰。恭寬信敏惠。恭則不侮。寬則得衆。信則人任焉。敏則有功。惠則足以使人。

孔安國曰、不見侮慢、應事疾則成功、朱氏曰、任倚杖也、張敬夫曰、能行此五者於天下、則其心公平而周徧、可知矣、然恭其本與、

佛肸召子欲往子路曰昔者由也聞諸夫子曰親於其身爲不善者君子不入也佛肸以中牟畔子之往也如之何子曰然有是言也不曰堅乎磨而不磷不曰白乎涅而不緇吾豈匏瓜也哉焉能繫而不食

佛、音弼、肸、音迄、孔安國曰、晉大夫趙簡子、之邑宰、君子不入其

國、磷、薄也、涅、可以染皁、言至堅者磨之而不薄、至白者、染之於涅而不黑、喻君子雖在濁亂、濁亂不能汚、何氏曰、匏、瓠也、瓠瓜得繫一處、不食故也、予謂匏繫不食、留種已耳、夫子猶有可爲、何不及身行之、故有是喻也、張敬夫曰、子路昔者之所聞、君子守身之常法也、夫子今日之所言聖人體之大權也、然夫子於公山佛肸之召、皆欲往者、以天下無不可變之人、無不可爲之事也、其卒不往者、知其人之終不可變、而事之終不可爲耳、予於公山章、言之已詳、故不贅、

子曰。由也。汝聞六言六蔽矣乎。對曰。未也。居。吾語女。好仁不好學。其蔽也愚。好知不好學。其蔽也蕩。好信

不好學。其蔽也賊。好直不好學。其蔽也絞。好勇不好學。其蔽也亂。好剛不好學。其蔽也狂。

好、知、並去聲、孔安國曰、六言六蔽者、仁知信直剛勇也、子路起對、故使還坐、曰居、仁者愛物、不知所以裁之、則愚、蕩、無所適守、好信其蔽、父子不知相為隱之輩、狂妄牴觸人、何氏曰、絞者、絞切也、范氏曰、子路勇於為善、其失之者、未能好學以明之也、故告以此、曰勇、曰剛、曰信、曰直、又皆所以救其偏也、

子曰。小子何莫學夫詩。詩可以興。可以觀。可以羣。可以怨。邇之事父。遠之事君。多識於鳥獸草木之名。

夫、音扶、此章朱氏之注、優於漢儒、故從之、小子、弟子也興、感發志意、觀、考見得失、羣、和而不流、怨、怨而不怒、事父事君、人倫之道、詩無不備、二者舉重而言、其緒餘又足以資多識、

子謂伯魚曰。女爲周南召南乎。人而不爲周南召南。其猶正牆面而立也與。

女、音汝、與、平聲、馬氏曰、周南召南、國風之始、樂得淑女以配君子、三綱之首、王敎之端、人而不爲、向牆而立、

子曰。禮云禮云。玉帛云乎哉。樂云樂云。鐘鼓云乎哉。

朱氏曰、敬而將之以玉帛、則爲禮、和而發之以鐘鼓、則爲樂、遺

其本、專事其末、則豈禮樂之謂哉、此注猶馬鄭之意、而辭較鍊、

子曰。色厲而內荏。譬諸小人。其猶穿窬之盜也與。

荏、音稔、窬、音俞、與、平聲、孔安國曰、荏、柔也、爲外自矜厲、而內柔佞、爲人如此、猶小人之有盜心、穿、穿壁、窬、窬牆、窬猶鑿也、

子曰。鄉原。德之賊也。

原、音願、與愿同、賊害也、鄉人共稱謹愿、而不明正義者、夫子惡其亂德、故謂德之賊也、

子曰。道聽而塗說。德之棄也。

馬氏曰、聞之於道路、則傳而說之、邢疏曰必多謬妄、爲有德者

所棄也、

子曰。鄙夫可與事君也與哉。其未得之也。患得之。旣得之。患失之。苟患失之。無所不至矣。

鄙夫者、鄙陋之人、何氏曰、患得之、謂患不能得之、朱氏曰、小則吮癰舐痔、大則弒父與君、皆生於患失而已、胡氏曰、許昌靳裁之、有言曰、士之品、大概有三、志於道德者、功名不足累其心、志於功名者、富貴不足累其心、志於富貴而已者、則亦無所不至矣、志於富貴卽孔子所謂鄙夫也、

子曰。古者民有三疾。今也或是之亡也。古之狂也肆。

今之狂也蕩。古之矜也廉。今之矜也忿戾。古之愚也直。今之愚也詐而已矣。

夫子所嘆、所謂古之疾者三、今也則亡、況道德乎、民情之日澆薄可見、包氏曰肆、極意敢言、孔安國曰、蕩、無所據、馬氏曰、矜、有廉隅、孔曰、今之矜、惡理多怒、邢疏曰、今之愚、多行欺詐自利也、

子曰。巧言令色。鮮矣仁。 重出

子曰。惡紫之奪朱也。惡鄭聲之亂雅樂也。惡利口之覆邦家者。

孔安國曰、朱、正色、紫、間色之好者、惡其邪好而奪正色、包氏曰、鄭聲、淫聲之哀者、惡其亂雅樂、孔曰、利口之人、多言少實、苟能悅媚時君、傾覆國家、

子曰。予欲無言。子貢曰。子如不言。則小子何述焉。子曰。天何言哉。四時行焉。百物生焉。天何言哉。

子曰、予欲無言、發感慨乎、發深省乎、歎好學不復有顏回者乎、歎天之生才、抑有所制乎、學者未能心夫子之心、何敢蠡測之焉、天何言哉、四時行、百物生、循乎自然之理、復何言哉、此固非子貢所能喻也、

按夫子以天自喻、則已達天人合一之候、噫已矣夫、顏回之早喪也、

可見夫子之寂寥矣、

孺悲欲見孔子。孔子辭以疾。將命者出戶。取瑟而歌。使之聞之。

朱氏曰、孺悲魯人、嘗學士喪禮於孔子、當是時、必有以得罪者、故辭以疾、而又使知其非疾、以警教之也、程氏曰此孟子所謂不屑之教誨、所以深教之也、

宰我問。三年之喪。期已久矣。君子三年不爲禮。禮必壞。三年不爲樂。樂必崩。舊穀既沒。新穀既升。鑽燧改

火期可已矣子曰食夫稻衣夫錦於女安乎曰安女安則爲之夫君子之居喪食旨不甘聞樂不樂居處不安故不爲也今女安則爲之宰我出子曰予之不仁也子生三年然後免於父母之懷夫三年之喪天下之通喪也予也有三年之愛於其父母乎

期、音基、周年也、燧、音遂、禮內則有金燧木燧、金燧取火於日、木燧鑽火也、乃鑽木取火者也、馬氏曰、周書月令有更火之文、春取楡柳之火、夏取棗杏之火、季夏取桑柘之火、秋取柞楢之火、冬取槐檀之火、所謂改火者、正周歲而又更火也、孔安國曰、旨、美也、責其無仁恩於親、故再言女安則爲之、馬曰、子生於二歲爲父母所懷抱、孔曰自天子達於庶人通喪也、子之於父母欲報之恩、昊天罔極、而予也有三年之愛乎、范氏曰、喪雖止於三年、然賢者之情則無窮也、特以聖人爲之中制、而不敢過、故必俯而就之、非以三年之喪、爲足以報其親也、所謂三年、然後免於父母之懷、特以責宰我之無恩、欲其有以跂而及之爾、

按三年之喪、乃聖人中制而節之者也、豈得已哉、宰予之不仁、所謂女安則爲之、不獨爲夫子所深惡、亦仁者痛心所不忍聞也、後之學者、盍深省焉、請看王裒之門人、爲廢蓼莪之篇、則與予言爲何如也

子曰。飽食終日。無所用心。難矣哉。不有博奕者乎。爲

之猶賢乎已。

馬氏曰、爲其無所據、樂、善生淫欲、朱氏曰、博局戲也、奕圍棋也、已止也、李氏曰、聖人非敎人博奕、所以甚言無所用心之不可爾、

子路曰。君子尚勇乎。子曰。君子義以爲上。君子有勇而無義爲亂。小人有勇而無義爲盜。

邢疏曰、上卽尚也、失義者、爲亂爲盜、君子與小人有以異耳、尹氏曰、子路好勇、故夫子以此救其失、胡氏曰、疑此子路初見孔子時、問荅也、

子貢曰。君子亦有惡乎。子曰。有惡。惡稱人之惡者。惡

居下流而訕上者。惡勇而無禮者。惡果敢而窒者。曰。賜也亦有惡乎。惡徼以爲知者。惡不孫以爲勇者。惡訐以爲直者。

惡、知、孫、並去聲、下同、唯惡者之惡、如字、訕、音刪、孔安國、訕、謗毀、馬氏曰、窒塞也、以下皆子貢之言、孔曰、徼、抄也、抄人之意以爲己有、包氏曰、訐、謂攻發人之陰私、

子曰。唯女子與小人爲難養也。近之則不孫。遠之則怨。

朱氏曰、近、孫、遠、並去聲、此小人亦謂僕隷下人也、君子之於臣妾、莊以涖之、慈以畜之、則無二者之患矣、

按女子與小人、乃媵妾與寺僕之類、故謂之爲養、音痒、猶斯養也、非夫婦與君臣之比、夫婦乃造端人倫、所謂一陰一陽、乃立人之道之猶仁也、君臣以義合、故爲三綱、得以維五常、未可輕擬、古之隳三綱墮五常者、類多親女子、近小人、不可不有前車之鑑、惟媵妾與寺僕、近在肘腋之間、固欲遠之、難免蕭牆之禍、故聖人以怨與不遜、以爲戒愼之警也、

子曰。年四十而見惡焉。其終也已。

惡、去聲、鄭高密曰、年在不惑、而爲人所惡、終無善行、朱氏曰、勉人及時、遷善改過也、

微子第十八

此篇多記聖賢之出處凡十一章

微子去之。箕子爲之奴。比干諫而死。孔子曰。殷有三仁焉。

馬氏曰、微箕二國名、子爵也、微子紂庶兄、箕子比干紂諸父、微子見紂無道、早去之、箕子佯狂爲奴、比干以諫見殺、何氏曰、仁者、愛人、三人行異而同稱、以其俱在憂國寧民、

柳下惠爲士師。三黜。人曰。子未可以去乎。曰。直道而事人。焉往而不三黜。枉道而事人。何必去父母之邦。

三、去聲、焉、音嫣、孔曰、士師、典獄之官、苟直道以事人、所至之國俱當三黜、

齊景公待孔子曰若季氏則吾不能以季孟之閒待之曰吾老矣不能用也孔子行

孔曰、魯三卿、季氏爲上卿最貴、孟氏爲下卿、不用事、言待之以二者之閒、程氏曰、季氏强臣、君待之、之禮極隆、然非所以待孔子也、以季孟之閒待之、則禮亦至矣、然復曰、吾老矣、不能用也、故孔子去之、蓋不繫待之輕重、特以不用而去爾、

齊人歸女樂季桓子受之三日不朝孔子行

孔曰、桓子季孫斯也、使定公受齊之女樂、君臣相與觀之、廢朝三日、朱氏曰、按史記定公十四年、孔子爲魯司寇、攝行相事、齊人懼、歸女樂以沮之、尹氏曰、受女樂、而怠於政事、如此、其簡賢棄禮、不足與有爲可知矣、夫子所以行也、所謂見幾而作、不俟終日者與、

楚狂接輿。歌而過孔子。曰。鳳兮。鳳兮。何德之衰。往者不可諫。來者猶可追。已而。已而。今之從政者殆而。孔子下。欲與之言。趨而辟之。不得與之言。

孔安國曰、接輿楚人佯狂而來歌、欲以感切孔子、比孔子於鳳鳥

、鳳鳥待聖君乃見、非孔子周行求合、故曰哀、已往所行、不可
復諫止、自今已來可追自止、辟亂隱居、已而已而者、言世亂已甚
、不可復治也、再言之、傷之深也、朱氏曰、孔子下車、蓋欲告之
以出處之意、接輿自以爲是、故不欲聞而辟之也、

長沮桀溺耦而耕孔子過之使子路問津焉長沮曰
夫執輿者爲誰子路曰爲孔丘曰是魯孔丘與曰是
也曰是知津矣問於桀溺桀溺曰子爲誰曰爲仲由
曰是魯孔丘之徒與對曰然曰滔滔者天下皆是也

而誰以易之。且而與其從辟人之士也。豈若從辟世之士哉。耰而不輟。子路行以告。夫子憮然曰。鳥獸不可與同羣。吾非斯人之徒與。而誰與。天下有道。丘不與易也。

沮音苴、溺音惄、朱氏曰、二隱者、耦、並畊也、時孔子自楚返乎蔡、津、濟渡處、夫、音扶、與、平聲、執輿、執轡在車也、蓋本子路御而執轡、今下問津、故夫子代之也、知津言數周流、自知津處、徒與之與、平聲、辟去聲、耰音憂、滔滔流而不反之意、以猶與也、言天下皆亂、將誰與變易之、而汝辟人、謂孔子、辟世桀溺自謂、耦覆種也、亦不告以津處、憮、音武與如字、憮然猶悵然、惜其不喻己意也、言所當與同羣者、斯人而已、豈可絕人逃世、以爲潔哉、天下若已平治、則我無用變易之、正爲天下無道、故欲以道易之耳、

子路從而後遇丈人以杖荷蓧子路問曰子見夫子乎丈人曰四體不勤五穀不分孰爲夫子植其杖而芸子路拱而立止子路宿殺雞爲黍而食之見其二子焉明日子路行以告子曰隱者也使子路反見之至則行矣子路曰不仕無義長幼之節不可廢也君

臣之義。如之何其廢之。欲潔其身。而亂大倫。君子之
仕也。行其義也。道之不行。已知之矣。

包氏曰、丈人云、不勤勞四體、不分殖五穀、誰爲夫子而索之邪、
荷負也、篠、音莜、竹器、植、倚也、除草曰芸、子路未知所答、孔安國
曰、子路反至其家、丈人出行不在、鄭高密曰、子路留言、以語
丈人之二子、孔曰、言女知父子相養不可廢、反可廢君臣之義邪
、包氏曰、道、理也、言君子之仕、所以行君臣之義、不必自己道得行
、孔子道不見用、自已知之、

逸民。伯夷。叔齊。虞仲。夷逸。朱張。柳下惠。少連。子曰。不

降其志。不辱其身。伯夷叔齊與。謂柳下惠少連。降志辱身矣。言中倫行中慮。其斯而已矣。謂虞仲夷逸。隱居放言。身中清。廢中權。我則異於是。無可無不可。

何氏曰、逸民者、節行超逸、朱氏曰、虞仲卽仲雍、與泰伯同竄荊蠻者、夷逸朱張不見經傳、少連東夷人、與、平聲、中、去聲、夷齊虞仲柳下惠、事俱見前、孔安國曰、言能應倫理、行應思慮、如此而已、包氏曰、放言、放置也、不復言世務、馬氏曰、清純潔也、遭世亂自廢棄、以免患、合於權也、我則異於是、亦不必進、亦不必退、唯義所在、

大師摯適齊。亞飯干適楚。三飯繚適蔡。四飯缺適秦。

鼓方叔入於河。播鼗武入於漢。少師陽。擊磬襄。入於海。

大、音泰、邢疏曰、樂官之長、孔安國曰、亞、次也、次飯樂師也、摯干皆名、包氏曰、三飯四飯樂章名各異、師繚缺皆名也、鼓、擊鼓者、方叔名、入、謂居其河內、孔曰播、搖也、武、名也、漢、漢中、魯哀公時、禮壞樂崩、樂人皆去陽、襄皆名、疏曰、鼗如鼓而小、有兩耳、持其柄搖之、旁耳還自擊、入於海、入居於海島也、張子曰、周衰樂廢、夫子自衞反魯、一嘗治之、其後伶人賤工識樂之正、及魯益衰、三桓僭妄自大、師以下、皆知散之四方逾河蹈海以去亂、聖人俄頃之助、功化如此、如有用我、期月而可、豈虛語哉、

周公謂魯公曰。君子不施其親。不使大臣怨乎不以。

故舊無大故則不棄也無求備於一人

孔安國曰、魯公周公之子、伯禽、封於魯、施、易也、不以他人之親、易己之親、以用也、怨不見聽用、大故謂惡逆之事、胡氏曰、此伯禽受封之國、周公訓戒之辭、魯人傳誦久而不忘也、其或夫子嘗與門弟子言之歟、

周有八士伯達伯适仲突仲忽叔夜叔夏季隨季騧

邢氏曰、鄭高密以爲成王時、劉向馬融皆以爲宣王時、朱氏從漢儒意而釋曰、蓋一母四乳而生八子也、然不可考矣、邢曰、每乳二子、凡八子皆爲顯士、故記之耳、

子張第十九

此篇、皆記弟子之言、而子夏爲多、子貢次之、蓋孔門自顏子以下、穎悟莫若子貢、自曾子以下、篤實無若子夏、故特記之詳焉、凡二十五章、

子張曰。士見危致命。見得思義。祭思敬。喪思哀。其可已矣。

朱氏曰、致命謂委致其命、猶言授命也、四者立身之大節、一有不至、則餘無足觀、故士能如此、則庶乎其可矣、

子張曰。執德不弘。信道不篤。焉能爲有。焉能爲亡。

焉、音嫣、亡、讀作無、邢氏曰、執守其德不能弘大、雖信善道不能篤

厚、人之若此、雖存於世、何能爲有而重、雖沒於世、何能爲亡而輕、故孔安國言、無所輕重、

子夏之門人問交於子張。子張曰。子夏云何。對曰。子夏曰。可者與之。其不可者拒之。子張曰。異乎吾所聞。君子尊賢而容衆。嘉善而矜不能。我之大賢與。於人何所不容。我之不賢與。人將拒我。如之何其拒人也。

賢與之與、平聲、孔安國曰、問與人交接之道、包氏曰、友交當如子夏、汎交當如子張、朱氏曰、子夏之言迫狹、子張譏之是也、

但其所言、亦有過高之弊、蓋大賢雖無所不容、然大故亦所當絕、不賢固不可以拒人、然損友亦當遠、學者不可不察、

按子張所謂、君子尊賢而容衆、嘉善而矜不能、乃士處世處事之道、非論交也、但所謂可者與之、其不可者拒之、出語輕躁、似非子夏口脗、意者一經其門人轉語、有失其文采也、然夫子嘗謂、無友不如己者、乃求之在我、爲用拒人、縱有便辟便佞之損友、遠之亦已可耳、倘謂有大故當絕、則不在此論之例也、

子夏曰。雖小道。必有可觀者焉。致遠恐泥。是以君子不爲也。

泥、去聲、孔安國曰、小道謂異端、包氏曰、泥難不通、楊氏曰、

百家衆技、猶耳目口鼻、皆有所明、而不能相通、非無可觀也、致遠則泥矣、故君子不爲也、

子夏曰。日知其所亡。月無忘其所能。可謂好學也已矣。

亡、讀作無、好、去聲、朱氏曰、亡、無也、謂己之所未有、尹氏曰、好學者、日新而不失、

子夏曰。博學而篤志。切問而近思。仁在其中矣。

程氏曰、學不博、則不能守約、志不篤、則不能力行、切問近思在己者、則仁在其中矣、蘇氏曰、博學而志不篤、則大而無成、

泛問遠思、則勞而無功、
按夫子所謂、仁者之言曰訒、子夏所謂切問而近思、可謂求其言之訒、乃求仁之方也、

子夏曰。百工居肆。以成其事。君子學以致其道。
尹氏曰、學所以致其道、百工居肆、必務成其事、君子之於學、可不知所務哉、

子夏曰。小人之過也必文。
文、去聲、孔安國曰、文飾其過、不言情實、朱氏曰、小人憚於改過、不憚於自欺、故必文以重其過、

子夏曰。君子有三變。望之儼然。卽之也溫。聽其言也

厲。

鄭高密曰、厲、嚴正、不獨猶謝氏所謂、如良玉溫潤而栗然已耳、且亦可以取厲取鍜也、程氏曰、他人儼然則不溫、溫則不厲、惟孔子全之、

子夏曰。君子信而後勞其民。未信則以爲厲己也。信而後諫。未信。則以爲謗己也。

王氏曰、厲猶病也、朱氏曰、信謂誠意惻怛而人信之也、

子夏曰。大德不踰閑。小德出入可也。

閑猶闌也、吳氏曰、此章之言、不能無弊、學者詳之、

按吳言此章、不能無弊、誠然、夫大德者、必由小德繼以成之、如小德可出入、則大德何從而成、子夏此言、有妨大道、其可恕乎

子游曰。子夏之門人小子。當洒掃應對進退則可矣。抑末也。本之則無。如之何。子夏聞之曰。噫。言游過矣。君子之道。孰先傳焉。孰後倦焉。譬諸草木。區以別矣。君子之道。焉可誣也。有始有卒者。其惟聖人乎。

程氏曰、君子教人有序、先傳以小者、近者、而後教以大者、遠者、非先傳以近小、而後不教以遠大也、此正如夫子所謂而教不

倦也、區以別矣、言大小與本末有別耳、焉可誣也、未嘗欺以小、而遺其大、傳其末而忘其本也、始終一貫、只有聖人、

子夏曰。仕而優則學。學而優則仕。

子夏此言、似猶倒裝、或有爲而發歟、學優然後仕、則仕得以優矣、仕優猶未離乎學、則學得以相驗矣、

子游曰。喪致乎哀而止。

楊氏曰、不若禮不足、而哀有餘之意、朱氏以而止二字有弊、誠是、

子游曰。吾友張也。爲難能也。然而未仁。

朱氏曰、子張行過高、而少誠實惻怛之意、

曾子曰。堂堂乎張也。難與並爲仁矣。

鄭高密曰、言子張容儀盛、而於仁道薄也、范氏曰、子張外有餘、而內不足、故門人皆不與其爲仁、子曰、剛毅木訥近仁、寧外不足、而內有餘、庶可以爲仁矣、

曾子曰。吾聞諸夫子。人未有自致者也。必也親喪乎。

朱氏曰、致盡其極也、蓋人之眞情、所不能自已者、尹氏曰、親喪固所自盡也、於此不用其誠、惡乎用其誠、

曾子曰。吾聞諸夫子。孟莊子之孝也。其他可能也。其

不改父之臣與父之政是難能也

馬氏曰、孟莊子魯大夫仲孫連也、謂在諒陰之中、父臣及父政、雖有不善者、不忍改也、

孟氏使陽膚爲士師問於曾子曾子曰上失其道民散久矣如得其情則哀矜而勿喜

包氏曰、陽膚曾子弟子、士師典獄之官、馬氏曰、民之離散、爲輕漂犯法、乃上之所爲、非民之過、當哀矜之、勿喜能得其情、

子貢曰紂之不善不如是之甚也是以君子惡居下

流。天下之惡皆歸焉。

孔安國曰、紂爲不善、以喪天下、後世憎甚之、皆以天下之惡歸之於紂、邢疏曰、紂名辛、字受德、商末世之王也、下流者、謂爲惡行、而處人下、若地形卑下、則衆流所歸、人之爲惡處下、衆惡歸焉、朱氏曰、子貢此言、欲人自警省、不可一置其身於不善之地、非謂紂本無罪、而虛被名也、

按子貢之言、意亦善也、然謂紂之不善、不如是之甚也、取喻未免欠當、不然則武王與周公之伐、其不能見恕、且亦行其暴乎、

子貢曰。君子之過也。如日月之食焉。過也。人皆見之。更也。人皆仰之。

更、平聲、孔安國曰、更、改也、愚謂子貢此言、精當之至、

衛公孫朝問於子貢曰。仲尼焉學。子貢曰。文武之道。未墜於地。在人。賢者識其大者。不賢者識其小者。莫不有文武之道焉。夫子焉不學。而亦何常師之有。

馬氏曰、公孫朝、衛大夫、朝、音潮、孔安國曰、文武之道、未墜落於地、賢與不賢、各有所識、夫子無所不從學、朱氏曰、識音志、焉、音嫣、文武之道、謂文王武王之謨訓、功烈、與周之禮樂文章皆是也、在人、言人有能記之者、

按公孫朝所問、仲尼焉學、未嘗疑其不學也、何子貢答以夫子焉不

學、而亦何常師之有、又何關於所問、幷與不賢者識其小者、俱費辭、刪去、較爲了當、

叔孫武叔語大夫於朝曰子貢賢於仲尼子服景伯以告子貢子貢曰譬之宮牆賜之牆也及肩窺見室家之好夫子之牆數仞不得其門而入不見宗廟之美百官之富得其門者或寡矣夫子之云不亦宜乎

馬氏曰、魯大夫叔孫、州仇、武謚、包氏曰、七尺曰仞、夫子謂武孫、邢氏曰朝、朝中、音潮、景伯亦魯大夫、

叔孫武叔毀仲尼。子貢曰。無以爲也。仲尼不可毀也。他人之賢者。丘陵也。猶可踰也。仲尼日月也。無得而踰焉。人雖欲自絕。其何傷於日月乎。多見其不知量也。

量、去聲、何氏曰、言人雖自絕棄於日月、其何能傷之乎、適足自見其不知量也、朱氏曰、無以爲、猶言無用爲此、土高曰丘、大阜曰陵、愚以爲人雖欲自絕、句意欠達、若謂人雖欲自絕於日月、則句意較顯、

按子貢此言、仲尼猶日月也、及上章謂夫子之牆數仞、與下章夫子

之不可及、猶天不可階而升、皆出自天良、不得已之論、非故亢也
、我於此、誠得見子貢之賢也、

陳子禽謂子貢曰。子爲恭也。仲尼豈賢於子乎。子貢
曰。君子一言以爲知。一言以爲不知。言不可不愼也。
夫子之不可及也。猶天之不可階而升也。夫子之得
邦家者。所謂立之斯立。道之斯行。綏之斯來。動之斯
和。其生也榮。其死也哀。如之何其可及也。

知、道並去聲、子禽疑子貢之過乎尊崇夫子爲恭者、似太謙遜也、故曰、仲尼豈賢於子乎、子貢曉之曰、夫子猶天不可階而升、孔安國釋、夫子之得邦家者、謂諸侯若卿大夫、此爲子貢斗膽而極言之焉、意者豈獨得邦家能如是哉、若得天下亦由是而已矣、故曰立斯立、道斯行、綏斯來、動斯和、不過由夫子敎道之而已耳、生榮死哀、無所私而已、如之何其可及也、所謂生榮死哀時、則夫子已見背矣、

堯曰第二十 凡三章

堯曰咨爾舜天之歷數在爾躬允執其中四海困窮天祿永終舜亦以命禹曰予小子履敢用玄牡敢昭告于皇皇后帝有罪不敢赦帝臣不蔽簡在朕躬有罪無以萬方萬方有罪罪在朕躬周有大賚善人是富雖有周親不如仁人百姓有過在予一人謹權量審法度修廢官四方之政行焉興滅國繼絕世舉逸

民天下之民歸心焉所重民食喪祭寬則得衆信則民任焉敏則有功公則說

堯咨嗟、禪帝位於舜、而戒之曰、四海之人困窮、則君祿永絶矣、予以朱氏此釋爲然、故從之、漢包咸之釋殊牽强、舜亦以此命禹、孔安國曰、履、殷湯名、此伐桀告天之文、朱氏曰、此引商書湯誥之辭、用玄牡、夏尚黑、未變其禮、簡、閱也、言桀有罪、己不敢赦、而天下賢人皆上帝之臣、己不敢蔽、簡在帝心、惟帝所命、此述其初請命而伐桀之辭也、又言君有罪、非民所致、民有罪、實君所爲、見其厚於責己、薄於責人之意、此其告諸侯之辭也、何氏曰、周、周家、賚、賜也、言周家受天大賜、富於善人、有亂臣十人是也、孔曰、親而不賢、不忠則誅之、如管蔡是也、仁人謂箕子微子、來則用之、包曰、權、秤也、量、斗斛、孔曰、重民、國之本也、重食、民之命也、重喪、所以盡哀、重祭、所以致敬言政教公平、則民說矣、凡此二帝三王所以治也、故傳以後世、

子張問於孔子曰。何如斯可以從政矣。子曰。尊五美。屏四惡。斯可以從政矣。子張曰。何謂五美。子曰。君子惠而不費。勞而不怨。欲而不貪。泰而不驕。威而不猛。子張曰。何謂惠而不費。子曰。因民之所利而利之。斯不亦惠而不費乎。擇可勞而勞之。又誰怨。欲仁而得

仁。又焉貪。君子無衆寡。無小大。無敢慢。斯不亦泰而不驕乎。君子正其衣冠。尊其瞻視。儼然人望而畏之。斯不亦威而不猛乎。子張曰何謂四惡。子曰不教而殺。謂之虐。不戒視成。謂之暴。慢令致期謂之賊。猶之與人也出納之吝。謂之有司。

孔安國曰、屛除也、王氏曰、利民在政、無費於財、孔曰言君子不以寡小而慢也、馬氏曰、不宿戒而責目前、成、爲視成、孔曰與民無信、而虛刻期、謂財俱當與人、而吝嗇於出納、惜難之、此有司之任耳、非人君之道、子曰。不知命。無以爲君子也。不知禮。無以立也。不知言。無以知人也。

孔安國曰、命、謂窮達之分、程氏曰、知命者、知有命而信之也、人不知命、則見害必避、見利必趨、何以爲君子、朱氏曰、不知禮、則耳目無所加、手足無所措、言之得失、可以知人之邪正、尹氏曰、知斯三者、則君子之事、備矣、弟子記此以終篇、得無意乎、學者少而讀之、老而不知一言爲可用、不幾於侮聖言者乎、夫子之罪人也、可不念哉、

按不知言、無以知人、以所謂不以言擧人、不以人廢言、又曰、知人則哲、惟帝其難之、相並觀、可見知言之要、能知言、漸漸可求

知人之方、不然則無以知人矣、故曰惟帝其難之、孟軻自謂知言、誠善學孔子者、讀論語之終篇、欲有志而學孔子者、豈非從知言而開始乎、望學者、其細審之、

辛亥十月十日定稿曼髯并識於臺北

主校者　姚夢谷
　　　　劉錫亨
校　者　羅邦楨
　　　　陳紬藝

附古註論語姓氏考

劉向

向字子政漢楚元王交四世孫原名更生淵懿純粹專精思於經術元帝時爲中壘校尉所著有洪範五行傳列女傳列仙傳及新序說苑

夏侯勝

勝字長公東平人好學善說禮服宣帝時以尙書授太后遷長信少府坐議廟樂下獄繫再更冬赦出爲諫議大夫復爲長信少府遷太子太傅宣帝時受詔撰尙書論語說賜黃金百斤年九十卒太后賜錢三百萬爲勝素服五日以報師傅之恩儒者榮之

蕭望之

望之字長倩東海蘭陵人從夏侯勝問論語禮服累遷諫議大夫代丙吉爲御史大夫左遷太子太傅元帝時爲弘恭石顯等所害天子聞之卻食涕泣哀慟左右

韋　賢

賢字長孺魯國鄒人篤學兼通禮尚書以詩教授稱鄒魯大儒本始三年爲丞相封扶陽侯

韋玄成

玄成字少翁韋賢之少子復以明經歷至丞相謚共侯

王　卿

按天漢元年卿由濟南太守爲御史大夫

庸生

按生名譚生蓋古謂有德者也

王吉

吉字子陽琅邪皐虞人少好學明經以郡吏舉孝廉爲郎補若盧丞遷滎陽令舉賢良爲昌邑中尉

張禹

禹字子文河內軹人從沛郡施讎受易王陽庸生問論語舉爲郡文學試博士初元中禹授太子論語遷光祿大夫成帝即位以師賜爵關內

侯給事中領尙書事爲丞相封安昌侯

包咸

咸字子良會稽曲阿人少爲諸生倡魯詩論語擧孝廉除郎中建武中入授皇太子論語又爲其章句拜諫議大夫永平五年拜大鴻臚

周氏

未詳

孔安國

安國曲阜人字子國孔子十二世孫武帝時官諫議大夫臨淮太守受詩於申公受尙書於伏生魯恭王壞孔子故宅於壁中得古文尙書及

論語孝經皆科斗文字當時無能知者安國以今文讀之承詔作書傳定爲五十八篇又爲古文孝經傳論語訓解

馬融

融字季長扶風茂陵人永初中爲校書郎陽嘉二年拜議郎轉武都太守三遷爲南郡太守註孝經論語詩易尚書三禮

鄭玄

玄高密人字康成博通諸經復西入關師扶風馬融遊學十餘年黨錮禍興被禁十四年遂隱修經業北海孔融深敬之爲立一鄉曰鄭公鄉門曰通德門爲一代純儒黃巾賊見玄皆拜公車徵爲大司農以病乞歸卒年七十四門生記其答問之語曰鄭志八篇所著有易詩書儀禮

論語孝經尙書大傳等

陳羣

羣字長文潁川許昌人文帝時遷尙書僕射明帝時進封潁陰侯爲司空

王肅

肅字子雝東海蘭陵人魏衞將軍太常蘭陵景侯註尙書禮喪服論語孔子家語述毛詩註作聖證論難

周生烈

生烈燉煌人字文逸本姓唐魏博士侍中

孫邕

邕字宗儒樂安青州人仕魏至光祿大夫關內侯

鄭冲

冲字文和滎陽開封人寒微立操魏文帝爲太子命爲文學累遷尚書郎出補陳留太守轉散騎常侍光祿勳

曹羲

羲沛國譙人魏宗室曹爽之弟

荀顗

顗字景倩荀彧之子性至孝總角知名咸熙中爲司空

何晏

晏三國魏宛人字平叔何進之孫累官侍中尙書爵列侯作道德論及文賦凡數十篇傳於世者論語集解

以上從明崇禎東吳金　蟠所錄

宋之有關論語學說之較著者

趙普

普幽州薊人字則平沈厚寡言剛毅果斷佐太祖定天下拜樞密使太宗朝入相拜太師封魏國公卒謚忠獻嘗謂太宗曰臣有論語一部以半部佐太祖定天下以半部佐陛下致太平

邢昺

昺濟陰人字叔明太宗時擢九經及第累遷金部侍郎中眞宗時爲翰林侍講學士命坐講春秋於殿上因敷陳時事尋復受詔與杜鎬孫奭等校定周禮儀禮公羊穀梁春秋傳及孝經論語爾雅義疏等書官終禮部尚書

胡瑗

瑗海陵人字翼之博通經術仁宗時教授吳中范仲淹薦之以白衣召對崇政殿授校書郎以保寧節度推官爲湖州教授於學中置經義治事二齋使諸生各就其志向學時稱湖學後太學興特取其法著爲令終太常博士卒謚文昭世稱安定先生如孫覺范純仁錢公輔等皆其門人也著有易書中庸義景祐樂儀等

周敦頤

敦頤道州人字茂叔熙寧初知柳州以洗寃澤物爲己任因家廬山蓮花峯下胸懷灑落如光風霽月著有太極圖說及通書爲宋理學開祖二程皆其弟子謚元公世稱濂溪先生以所居名濂溪也

胡安國

安國崇安人字康侯紹聖進士擢太學博士高宗時除中書舍人兼侍講平生篤志於經春秋一書自王安石廢棄以來未列學官安國謂此爲先聖手所筆削之書實爲傳心要典潛心於是書二十年卒以此深受帝知並著有春秋傳及上蔡語錄等卒謚文定

王應麟

應麟慶元人字伯厚九齡通六經淳祐進士擢秘書郎累遷禮部尚書曾爲覆考策士得讀首選卷評謂古誼若龜鑑忠肝如鐵石爲帝稱得士賀及唱名乃文天祥也著述甚多有深寧集玉堂彙稿困學紀聞小學紺珠玉海詞學指南姓氏急就篇等書

王十朋

十朋樂清人字龜齡號梅溪高宗時廷對第一歷知饒夔湖泉諸州多善政官至太子詹事龍圖閣學士著有梅溪集春秋尙書論語解等書

蘇軾

軾眉山人洵子轍兄字子瞻嘉祐進士直史館王安石倡行新法軾轍上書神宗痛陳不便以是忤安石出知杭州歷徙湖州黃州惠州貶瓊州居黃州築室東坡因號東坡居士哲宗召還累官至端明殿侍讀學士卒謚文忠著有易書傳論語說等

程顥

顥洛陽人字伯淳第進士神宗召見顥常以正心窒欲求賢育才爲言資性過人充養有道與弟頤皆學於周敦頤泛濫諸家出入老釋返求

之六經而後得之尤邃於易爲宋代名儒與弟合稱二程卒謚純公文彥博采納衆論題其墓曰明道先生著有識仁篇定性書等

程頤

頤字正叔世號伊川先生游太學胡瑗異其文處以學職哲宗初擢爲崇政殿說書以忤蘇軾出管句西京國子監復坐怨望去官紹聖初削籍竄涪州徽宗即位徙峽州卒頤學本於誠主於窮理動止語默一以聖人爲師從學甚衆嘉定中賜謚正公著有易傳春秋傳語錄文集

張載

載郿縣橫渠鎭人字子厚少孤自立與二程子相切磋深得道學之要以聖人之詣爲必可至三代之治爲必可復嘗語云爲天地立心爲生

民立命爲往聖繼絕學爲萬世開太平其學古力行自任之重如此嘉祐間舉進士爲雲巖令熙寧初爲崇政院校書著有正蒙東銘西銘及易說等世號橫渠先生

游酢

酢建陽人字定夫學者稱爲廌山先生與楊時同師二程元豐間登進士累官太學博士著有易說詩二南義中庸義論語孟子雜解廌山文集

楊時

時將樂人字中立先後受業於程顥程頤熙寧成進士高宗時官至龍圖閣直學士致仕後著書講學當時推爲程氏正宗朱熹張栻之學其

源皆出於時晚隱龜山學者稱爲龜山先生卒謚文靖著有二程粹言龜山集

李侗

侗劍浦人家愿中世號延平先生治性理之學躬踐實行結茅山田隱居不仕朱熹嘗師事焉隆興初卒謚文靖其學說見延平答問及語錄

曾鞏

鞏南豐人字子固嘉祐進士官中書舍人邃於經術鞏性孝爲文標鷙雄渾後追謚文定學者稱爲南豐先生著有元豐類稿

尹焞

焞字彥明師事伊川有篤行著有論語解已佚

胡銓

銓廬人字邦衡高宗時擧進士授樞密院編修官金人南侵秦檜主和銓上書乞斬秦檜王倫孫近檜目爲狂妄除名編管昭州後迫於公論命監廣州監倉銓初上書宜興進士吳師古鋟木傳之金人嘗以千金募其書乾道初復入工部侍郎致仕卒謚忠簡有澹庵集一百卷

朱熹

熹婺源人僑寓建州字元晦晚號晦翁紹興進士歷任高孝光寧四朝累官寶文閣待制其學大抵窮理以致知反躬以踐實而以居敬爲主宋代理學至熹而集大成其講學之所曰考亭宗之者稱爲考亭學派

慶元中升位於十哲之次世稱朱子又稱文公云

吳棫

棫建安人字才老著有韵補五卷朱熹謂近代訓釋之學才老優明以來言古韵者宗之

陸九淵

九淵金溪人九齡弟字子靜乾道進士歷國子正教居象山自號象山翁學者稱爲象山先生光宗立除知荆門軍務以德化民俗爲變其學以尊重德性爲主不事著述嘗與朱熹會鵝湖論辯所尊不相合爲無極而太極之辯貽書往來論辯不置故言宋之理學者有朱陸之別

呂祖謙

祖謙金華人字伯恭世稱東萊先生舉隆興進士復中博學宏詞官至直秘閣著作郎國史院編修與王張治經史以致用不規規於性命之說開浙東學派之先聲著有古周易春秋左氏傳說東萊左氏博議及東萊集諸書

洪邁

邁番陽人皓子字景盧博涉經史文備衆體高宗時中第假翰林學士使金書用敵國體金人令於表中稱陪臣不屈備受困辱還後歷知贛州婺州孝宗時累官端明殿學士著有史語經子法語南朝史精語容齋隨筆

張栻

栻廣漢人居衡陽字敬夫學者稱爲南軒先生與朱熹友善師事胡宏得聞孔門論仁親切之旨益自奮勉作希顏以見志歷知撫州累官吏部郎卒謚宣著有南軒易說癸巳論語解及孟子說等書

范純仁

純仁吳縣人仲淹子字堯夫皇祐進士性至孝父歿始出仕累官尚書僕射中書侍郎能以博大開上意忠篤革士風忤章惇貶永州徽宗立召除觀文殿大學士卒謚忠宣

黃榦

榦閩縣人字直卿學者稱爲勉齋先生少受業於朱熹熹稱其志堅苦思以女妻之熹之竹林精舍成他日可請直卿代卽講席之語熹病革

以深衣及所著書授榦手書與訣曰吾道之託在此吾無憾矣寧宗時授廸功郎累遷知安慶府有德政民稱黃父尋乞歸卒謚文肅有經解及文集行世

何基

基金華人字子恭師黃榦窮伊洛之源以淳固篤實稱居金華山人稱北山先生淳祐間召爲崇政殿說書後授承務郎謚文定公著有周易啓蒙近思錄發揮等書

王柏

柏金華人少慕諸葛亮爲人自號長嘯及長篤治理學著論語通旨至居處恭執事敬惕然曰長嘯非聖門持敬之道乃更號魯齋質實堅苦

勤於述作卒謚文憲著有讀易記書疑諸辨太極衍義等書

中華語文叢書
論語釋旨

作　　者／鄭曼髯 撰
主　　編／劉郁君
美術編輯／鍾　玟

出 版 者／中華書局
發 行 人／張敏君
副總經理／陳又齊
行銷經理／王新君
地　　址／11494 台北市內湖區舊宗路二段181巷8號5樓
客服專線／02-8797-8396　　傳　　真／02-8797-8909
網　　址／www.chunghwabook.com.tw
匯款帳號／華南商業銀行　西湖分行
179-10-002693-1　中華書局股份有限公司

法律顧問／安侯法律事務所
製版印刷／維中科技有限公司　海瑞印刷品有限公司
出版日期／2019年3月再版
版本備註／據1974年7月初版復刻重製
定　　價／NTD 450

國家圖書館出版品預行編目（CIP）資料

論語釋旨 / 鄭曼髯撰. -- 再版. -- 臺北市 :
中華書局, 2019.03
面 ; 公分. -- (中華語文叢書)
ISBN 978-957-8595-62-0(平裝)

1.論語 2.注釋

121.222　　108000148

NO.H2012
ISBN 978-957-8595-62-0（平裝）